Training Note トレーニングノートα 英文法

はじめに

「受験勉強の調子はどうですか？」「いろいろやってるけど，どれもちょっと…難しすぎて」と感じていませんか？

この本は，高校英語の文法を終了したみなさんが「楽な気持ちで」大学受験の準備ができることを目標にしています。大学受験で必要な英文法のすべての項目が，この一冊でトレーニングできます。

「こんなに簡単なのに，受験の文法項目はすべて学習できる！」「ほんとにすごい本ができた」と感じられることでしょう。「従来の受験問題集では，難しすぎて取り組む気が起こらない」という受験生も「これならやってみようかな」と思うことまちがいなしです。

本書を終えて『トレーニングノートβ英文法』に進み，希望大学の合格を勝ち取られることを願ってやみません。

本書の特色

- **文法項目**：大学受験にも対応できる内容です。
- **文法解説**：わかりやすく簡潔にしています。
- **Exercises**：基礎的なところから入試問題まで。
- **復習問題**：学力のチェックができます。
- **解答・解説**：解き方をやさしく解説し，文法や語句の補足説明を加えています。

目次

1 文の要素と5文型

解答▸別冊P.1

POINTS 1

▶文は**主部**(～は)と**述部**(～です)に分けられる。主部の中心の語を**主語**，述部の中心の語を**述語動詞**(＝動詞)という。主語はS，動詞はVで表す。

My **sister** **is** a high school student.	私の妹は高校生です。
主部　述部	[主語(S)は sister，述語動詞(V)は is]

▶文を構成するものには，主語(S)，動詞(V)以外に，**補語**(主語や目的語を補足説明する語)と**目的語**(動詞の動作の対象となる語)がある。補語はC，目的語はOで表す。この主語(S)・動詞(V)・補語(C)・目的語(O)を「**文の4要素**」という。

▶形容詞や副詞，形容詞句や副詞句などを**修飾語**といい，Mで表す。ただし，冠詞や短い修飾語はS・C・Oのうちに含めて示すことが多い。

She will be a college student next year.	彼女は来年，大学生になります。
主語(S) 動詞(V)　補語(C)	[next year は修飾語]
My brother plays baseball on Sundays.	私の弟は毎週日曜日に野球をします。
主語(S)　動詞(V) 目的語(O)	[on Sundays は修飾語]

Pre-test 1　次の英文の下線部は主語，述語動詞，補語，目的語，修飾語のどれですか。(　)内に書きなさい。

(1) Your bag is on the sofa.　(　　　)(　　　)

(2) The moon moves around the earth.　(　　　)(　　　)

(3) My mother wrote a letter from Hawaii.　(　　　)(　　　)

(4) The lady looks happy.　(　　　)(　　　)

POINTS 2

▶ほとんどの英文は**5つの文型**に分類できる。[IO＝間接目的語，DO＝直接目的語]

文型	形	例文	訳
第1文型	S+V	I go to school.	私は学校に通っている。
第2文型	S+V+C	He is a high school student.	彼は高校生です。
第3文型	S+V+O	She has a book.	彼女は本を持っています。
第4文型	S+V+IO+DO	He teaches us English.	彼は私たちに英語を教えてくれる。
第5文型	S+V+O+C	I named my son Ken.	私は息子を健と名付けた。

Pre-test 2　次の英文の下線部の下に，S，V，C，O，IO，DO，Mを書きなさい。

(1) I gave him some candies.

(2) She opened the door slowly.

(3) They called the dog Pochi.

(4) Our school begins at 8:30.

Exercises

□ **1** 次の文と同じ文型のものを下から選び，記号で書きなさい。

(1) He lives in Nagoya. ( )

(2) This milk tastes sour. ( ) taste 味がする

(3) Bell invented the telephone. ( ) invent 発明する

(4) She lent me a dictionary. ( ) lent 貸した

(5) I named my son Ichiro. ( )

㋐ The news made me happy.

㋑ Mr. Ishii teaches English.

㋒ I can swim very well.

㋓ Mr. Morita wrote his mother a letter.

㋔ That sounds great.

□ **2** 次の上下の文が同じ意味になるように（ ）内から適語を選び，○で囲みなさい。

(1) Please show me your photos.
Please show your photos (in, to, for) me.

(2) He bought her a new hat.
He bought a new hat (to, from, for) her.

(3) Can I ask you a favor? お願いがあるのですが
Can I ask a favor (of, to, for) you?

□ **3** 次の英文を日本語にしなさい。

(1) Her parents made her a doctor.

....

(2) He made us a big cake.

....

□ **4** 次の（ ）内の語句を並べかえて，日本語の意味を表す英文にしなさい。

(1) 雨が降ったときに備えて，あなたのところへ傘を持って行きます。
(to, bring, I'll, an umbrella, you) in case it rains. in case ～に備えて

.... in case it rains.

(2) 彼女は父親がベンチで寝ているのに気付いた。〔大阪学院大〕
(father, found, sleeping, her, she) on the bench.

.... on the bench.

2 時　制 ①　現在・過去・未来

解答▸別冊P.2

POINTS 1

▶**現在時制** − 次の場合，**動詞の現在形** を用いる。

① 現在の動作や状態	I **am** a student.	私は学生です。
② 現在の習慣的動作	I **go** to school.	私は学校に通っています。
③ 不変の真理やことわざ	The sun **sets** in the west.	太陽は西に沈みます。
④ 未来の確定した事柄	The plane **arrives** in Osaka at eleven.	飛行機は11時に大阪に着きます。
⑤ 時・条件を表す副詞節の中での未来	When I **go** home after school, I will sleep soon.	私は放課後帰宅したら，すぐ寝るつもりです。

Pre-test 1 次の（　）内から最も適切なものを選び，◯で囲みなさい。

(1) I (will get, get, gets) up at seven every day.

(2) Two and two (make, makes, will make) four.

POINTS 2

▶**過去時制** − 次の場合，**動詞の過去形** を用いる。

① 過去の動作や状態	I **wrote** a letter yesterday.	私は昨日手紙を書いた。
② 過去の習慣的動作	I usually **got up** at seven when I was in high school.	私は高校生のとき，普通は7時に起きていた。

▶**未来時制** − **will〔shall〕＋動詞の原形** の形で表し，次の２つの形がある。ほかに be going to, be about to, be to などでも未来を表すことができる。

① 単純未来「〜するだろう」（単なる未来を表す）

It **will be** rainy tomorrow.　明日は雨が降るだろう。

② 意志未来「〜するつもりです」（話し手や相手の意志を表す）

Will you read your book? (= **Please** read your book.)　本を読んでくれませんか。

Shall I open the window?　窓を開けましょうか。

Shall we play tennis? (= Let's play tennis.)　テニスをしましょうか。

Pre-test 2 次の動詞を過去形にしなさい。

(1) stop (　　　　)　(2) play (　　　　)　(3) study (　　　　)

(4) read (　　　　)　(5) meet (　　　　)　(6) teach (　　　　)

◆次の（　）内から適切なものを選び，◯で囲みなさい。

(7) He will (comes, come, coming) here soon.

(8) (Will, Shall, Am) I close the door?

Exercises

□ **1** 次の（　）内の語を適当な形にしなさい。

(1) We're (go) to have a lot of problems. [　　　　　　　]

(2) The earth (move) round the sun. [　　　　　　　] 不変の真理

(3) I (go) to the movies when I was young. [　　　　　　　]

(4) When he (come) home, he will watch TV. [　　　　　　　] 副詞節の中の未来

(5) I (want) to visit you but I didn't have time. [　　　　　　　] 〔亜細亜大・改〕

□ **2** 次の（　）内に入れるのに最も適切なものを，記号で選びなさい。

(1) Don't get off the bus till it (　　　). till＝until ～まで 〔浜松大〕
㋐ stops　㋑ stopped　㋒ stopping　㋓ will stop

(2) I'm afraid that it (　　　) a long time to get home. 〔愛知学院大〕
㋐ take　㋑ takes　㋒ took　㋓ will take

(3) My brother often goes (　　　) in winter. 〔浜松大〕
㋐ ski　㋑ skied　㋒ skiing　㋓ to ski

(4) I'm going to see him after I (　　　) to school. 〔金沢工業大・改〕
㋐ will go　㋑ am going　㋒ am going to go　㋓ go

(5) If it (　　　) tomorrow, the tennis match will be postponed. 〔法政大〕
㋐ rain　㋑ rains　㋒ rained　㋓ will rain　postpone 延期する

□ **3** 次の英文を日本語にしなさい。

(1) Many foreigners will live in Japan in the near future. in the near future 近い将来

....

(2) I will call you when I arrive at the station.

....

□ **4** 次の（　）内の語句を並べかえて，日本語の意味を表す英文にしなさい。

(1) 銀行はどれくらい遠いか教えてくれませんか。 〔関東学院大・改〕
(me, it, will, far, tell, how, you, is) to the bank?

.... to the bank?

(2) 飛行機がまもなく飛ぶのはうれしいです。 〔龍谷大〕
(the plane, glad, is, am, take, I, off, to) soon.

.... soon.

3 時　制 ②　現在進行形・過去進行形・未来進行形

解答▸別冊P.2

POINTS 1

▶現在進行形－**am／is／are＋現在分詞**で表し，「(今) ～しています」という意味。ただし，進行形にならない動詞もある。

① 進行中・継続中の動作

He **swims** in the pool. → He **is swimming** in the pool.　彼はプールで泳いでいるところです。

② 近い未来の予定（go，come，leave，arrive などの往来発着を表す動詞のとき）

I **am going** to Hawaii tomorrow.　私は明日ハワイへ行くつもりです。

③ 現在の反復的行為（always，constantly を伴って非難の気持ちを込めて）「いつも～してばかりいる」

He **is** always **sleeping**.　彼はいつも寝てばかりいる。

◇進行形にならない動詞－be，belong，have(持っている)，remain などの状態を表す動詞

Pre-test 1　現在進行形になるように，次の（　）内に適当な語を書きなさい。

(1) You look at that girl.　→　You (　　　　) (　　　　) at that girl.

(2) He runs in the park.　→　He (　　　　) (　　　　) in the park.

POINTS 2

▶過去進行形－**was／were＋現在分詞**で表し，「～していました」という意味。

① 過去のある時点の進行・継続中の動作

He **washed** his car.　→　He **was washing** his car.　彼は車を洗っていた。

② 過去の反復的行為「いつも～してばかりいた」

She **was** always **crying** in her childhood.　彼女は子どものころ，いつも泣いてばかりいた。

▶未来進行形－**will be＋現在分詞**で表し，「～しているだろう」という意味。

It **will snow** tomorrow.　明日は雪が降るだろう。

→　It **will be snowing** about this time tomorrow.　明日の今頃は雪が降っているだろう。

Pre-test 2　過去進行形になるように，次の（　）内に適当な語を書きなさい。

(1) I cooked meat.　→　I (　　　　) (　　　　) meat.

(2) She drank a bottle of beer.　→　She (　　　　) (　　　　) a bottle of beer.

◆未来進行形になるように，次の（　）内に適当な語を書きなさい。

(3) I will take the exam next week.　　exam 試験

I (　　　　) (　　　　) (　　　　) the exam next week.

(4) It will rain tomorrow morning.

It (　　　　) (　　　　) (　　　　) tomorrow morning.

Exercises

□ **1** 次の（　）内の語を適当な形にしなさい。

(1) He was (lie) on the floor. [　　　　　　]

(2) I will be (travel) tomorrow morning. [　　　　　　]

(3) She is always (complain). [　　　　　　]

(4) He is (arrive) at New York tomorrow. [　　　　　　] 近い未来の予定

(5) When I called Yumi, she was (sleep). [　　　　　　]

□ **2** 次の（　）内に入れるのに最も適切なものを，記号で選びなさい。

(1) As the man (　　　) down the street, the hat flew off his head. 〔山梨大〕

㋐ is walking　㋑ was walking　㋒ walking　㋓ is going to walk

(2) "Whose things are these?" "They (　　　) my parents." 〔京都産業大〕

㋐ are　㋑ are belonging to　㋒ belong to　㋓ owned by

(3) We (　　　) for Hawaii about this time tomorrow.

㋐ leave　㋑ are leaving　㋒ will be leaving　㋓ left

(4) She hurt her leg while she (　　　) her bike to school. 〔北海学園大〕

㋐ rides　㋑ riding　㋒ rode　㋓ was riding

(5) We (　　　) lunch now.

㋐ having　㋑ will have　㋒ are having　㋓ have

□ **3** 次の英文を日本語にしなさい。

(1) He was always saying bad things about his brother. bad things 悪口

....

(2) I'm looking forward to hearing from you. 〔大阪学院大・改〕

....

□ **4** 次の（　）内の語句を並べかえて，日本語の意味を表す英文にしなさい。

(1) 東京に住んでいる友だちが私に会いに来る。 〔関西学院大・改〕

(coming, see, living, in Tokyo, is, to, me, a friend) 近い未来の予定

....

(2) 彼が目を覚ましたとき，雪が非常に激しく降っていた。 wake up 目を覚ます (woke)

It (snowing, up, very, when, was, he, hard, woke).

It ....

4 時 制 ③ 現在完了・現在完了進行形

解答▸別冊P.3

POINTS 1

▶現在完了の作り方－ **have〔has〕＋過去分詞**

I did the work. → I **have done** the work. 私は仕事をし終えたところです。

▶現在完了の用法と訳し方

① **完了**「(今)～し終えたところです」

I **have just finished** the homework. 私はたった今，宿題を終えたところです。

② **経験**「(今までに)～したことがある」

I **have seen** a panda before. 私は以前パンダを見たことがある。

③ **継続**「(…から)～している」

I **have known** him for ten years. 私は10年前から彼を知っています。

④ **結果**「～しました（その結果，今もその状態が続いている)」

I **have lost** my watch. 私は時計をなくしました。(今も見つからない。)

Pre-test 1 次の文を現在完了の文に書きかえなさい。

(1) I play the violin. → I (　　　) (　　　) the violin.

(2) She swims in the pool. → She (　　　) (　　　) in the pool.

◆次の英文は，完了・経験・継続・結果のどれですか。(　) 内に書きなさい。

(3) I have once been to Hawaii. (　　　)

(4) He has gone to New York. (　　　)

(5) I have already cleaned the room. (　　　)

(6) He has been ill for a week. (　　　)

POINTS 2

▶継続用法の場合，動詞によって **現在完了** を用いるのか **現在完了進行形** を用いるのかが決まる。

① **現在完了**－状態を表す動詞（be，have，like，love，want，know，live など)

② **現在完了進行形**－ **have〔has〕＋been＋現在分詞**

動作を表す動詞（do，eat，drive，make，study など)

I have been studying English for two hours. 私は2時間前から英語の勉強をしています。

Pre-test 2 次の文を現在完了進行形の文に書きかえなさい。

(1) I listen to the radio.

I (　　　) (　　　) (　　　) to the radio.

(2) She waits for him for an hour.

She (　　　) (　　　) (　　　) for him for an hour.

Exercises

□ **1** （ ）内の語句を用いて，次の文を現在完了または現在完了進行形の文に書きかえなさい。

(1) I finish my homework. (just)

---

(2) We know each other. (for thirty years) 〔和光大〕

---

(3) He swims in the river. (for an hour)

□ **2** 次の（ ）内に入れるのに最も適切なものを，記号で選びなさい。

(1) I ( ) here for more than 10 years now. 〔亜細亜大〕
㋐ have lived ㋑ had lived ㋒ live ㋓ am living

(2) It ( ) more than ten years since I left my hometown. 〔日本女子大〕
㋐ has been ㋑ had passed ㋒ is passed ㋓ was

(3) They ( ) married for three years. marry 結婚する 〔愛知工業大〕
㋐ are ㋑ were ㋒ have been ㋓ got

(4) We ( ) Italy four times during the 1980s. during 〜年代に 〔慶應義塾大〕
㋐ used to visited ㋑ would visited ㋒ visited ㋓ have visited

(5) "How ( ) have you been here?" "Twice." 〔京都産業大〕
㋐ long ㋑ many hours ㋒ many times ㋓ much time

(6) No, thanks. I've ( ) eaten. 〔金沢工業大〕
㋐ before ㋑ ever ㋒ still ㋓ already

(7) She's been working in a department store ( ) leaving school. 〔松山大〕
㋐ until ㋑ since ㋒ till ㋓ from

(8) John has ( ) seen Niagara Falls. 〔南山大〕
㋐ always ㋑ never ㋒ neither ㋓ ever

□ **3** 次の日本語の意味になるように，（ ）内に適当な語を書きなさい。

彼女のお父さんが死んでから５年になる。 〔関西外大・改〕

(1) Her father ( ) five years ago.
(2) Her father ( ) ( ) dead for five years.
(3) It ( ) five years since her father ( ).
(4) Five years have ( ) since her father ( ).

5 時　制 ④　未来完了・過去完了

解答▸別冊P.4

POINTS 1

▶未来完了－ **will have＋過去分詞** の形で表し，未来のある時点までの
① **完了・結果**「～してしまっているだろう」　② **経験**「～したことになるだろう」
③ **継続**「～していることになるだろう」を表す。

I **will have read** the book by this evening.　私は今日の夕方までに，本を読み終えているだろう。

▶未来完了進行形－ **will have been ～ing** の形で表し，未来のある時点までの動作の継続を表す。

He **will have been studying** for ten hours at noon.　彼は正午で，10時間勉強していることになるだろう。

Pre-test 1　〔　〕内の指示に従って，（　）内の動詞を適当な形にしなさい。

(1) She (read) the book by tomorrow morning.〔未来完了に〕
She (　　　　) (　　　　) (　　　　) the book by tomorrow morning.

(2) His father (be) dead for five years next year.〔未来完了に〕
His father (　　　　) (　　　　) (　　　　) dead for five years next year.

(3) I (watch) TV for five hours at ten o'clock.〔未来完了進行形に〕
I (　　　　) (　　　　) (　　　　) (　　　　) TV for five hours at ten o'clock.

POINTS 2

▶過去完了－ **had＋過去分詞** の形で表し，過去のある時点までの
① **完了・結果**「～してしまっていた」　② **経験**「～したことがあった」
③ **継続**「ずっと～していた」を表す。また，
④ **大過去**（過去のある時点よりさらに過去）を表す。

I **had finished** my homework when Father came home.
父が家に帰って来たとき，私は宿題を終えてしまっていた。

▶過去完了進行形－ **had been＋～ing** の形で表し，過去のある時点までの動作の継続を表す。

I **had been studying** for ten hours when Tom called me.
トムが電話をしてきたとき，私は10時間勉強していた。

Pre-test 2　〔　〕内の指示に従って，（　）内の動詞を適当な形にしなさい。

(1) I (eat) dinner when Mother came home.〔過去完了に〕
I (　　　　) (　　　　) dinner when Mother came home.

(2) You (swim) for three hours before the bell rang.〔過去完了進行形に〕
You (　　　　) (　　　　) (　　　　) for three hours before the bell rang.

Exercises

□ **1** 〔 〕内の指示に従って，（ ）内の語を適当な形にして，全文を書きなさい。

(1) We (reach) the top of the mountain by three o'clock. 〔未来完了に〕

(2) He (will be skiing) for three hours at noon. 〔未来完了進行形に〕

(3) I (finished) my homework before. 〔過去完了に〕

□ **2** 次の（ ）内に入れるのに最も適切なものを，記号で選びなさい。

(1) Please tell me as soon as you ( ) your homework. 〔札幌学院大〕

㋐ were doing ㋑ did ㋒ have done ㋓ had done

(2) Mary told her family what ( ) to her before she came home. 〔近畿大・改〕

㋐ had happened ㋑ happens ㋒ has happened ㋓ is happening

(3) Next month I ( ) Alice for 20 years. 〔慶應義塾大〕

㋐ know ㋑ will have known ㋒ am knowing

㋓ will have been knowing

(4) Jack ( ) as a policeman for forty years next month. 〔関西学院大・改〕

㋐ will work ㋑ would be working ㋒ would have worked

㋓ will have been working

(5) Tadashi ( ) in Turkey for three years when the earthquake happened. 〔東京電機大〕

㋐ was ㋑ has been ㋒ had been ㋓ would be

earthquake 地震

(6) To my surprise, John ( ) before he came to Japan. 〔愛知学院大〕

㋐ was eaten ㋑ had eaten ㋒ has eaten ㋓ will eat

(7) When Romeo first met Juliet, he felt that he ( ) another girl as fair as she. 〔山梨大〕

㋐ never saw ㋑ had never seen ㋒ didn't see ㋓ has never seen

□ **3** 次の英文を日本語にしなさい。

(1) After the train had left, I got to the station. 〔青山学院大〕

(2) By the end of next year, I will have lived in the United Kingdom for three years. 〔神奈川大〕

6 文の種類

解答‣別冊P.5

POINTS 1

▶英文は**平叙文**（肯定文・否定文），**疑問文**，**命令文**，**感嘆文**に分類される。

① **肯定文**「～は…です」という意味。

② **否定文**「～は…でない」という意味で，not〔never〕を用いる。

③ **疑問文**「～は…ですか」という意味。

④ **命令文**「～しなさい」と相手に命令したり，依頼したりする文。

⑤ **感嘆文**「なんて～なのでしょう」というように，驚いたり感動したりした気持ちを表す文。文の終わりに！（感嘆符）をつける。

Pre-test 1 次の文を命令文に書きかえなさい。

(1) You must clean the room. ＿＿＿＿＿＿＿＿

(2) You must not be lazy. ＿＿＿＿＿＿＿＿

◆次の文を感嘆文に書きかえなさい。

(3) This is a very big dog. (　　　　)(　　　　)(　　　　) dog this is!

(4) That tower is very high. (　　　　)(　　　　)(　　　　) tower is!

POINTS 2

▶**疑問詞** – what「何が」，who「だれが」，where「どこに」，which「どちら」，when「いつ」，whose「だれの，だれのもの」，why「なぜ」，how「どんな方法で，どれくらいの」

▶**付加疑問文** – 短縮した疑問文を付け加えた文。「～ですね」と軽く同意を求めたり，「～でしょう？」と軽くたずねたりする。

① 肯定文の後に否定の疑問形を，否定文の後に肯定の疑問形をつける。

He **is** a student. → He is a student, **isn't he**? 彼は生徒ですね。

He **is not** a student. → He is not a student, **is he**? 彼は生徒ではないですね。

答えるときは，内容が肯定ならYes，否定ならNoになる。

② 命令文はwill you?をつける。（won't you?でもよい）

③ Let's ～はshall we?をつける。

Pre-test 2 次の日本語の意味になるように，(　) 内に適当な疑問詞を書きなさい。

(1) (　　　　) time did you get up? あなたは何時に起きましたか。

(2) (　　　　) were you absent from school? あなたはなぜ学校を休んだのですか。

◆次の文を付加疑問文に書きかえなさい。

(3) She goes there by bus, (　　　　)(　　　　)?

(4) Come here soon, (　　　　)(　　　　)?

(5) Let's play soccer, (　　　　)(　　　　)?

Exercises

□ **1** 次の文を（　）内の指示に従って書きかえなさい。

(1) The name of the hotel is "Kyoto Inn."（下線部を問う疑問文に）〔愛知工業大・改〕

(2) Shall we go to the movies?（Let's を用いて同じ内容に）

(3) He can skate very well.（感嘆文に）

□ **2** 次の（　）内に入れるのに最も適切なものを，記号で選びなさい。

(1) (　　　) don't we go for a walk?〔大阪学院大〕
㋐ Why　㋑ What　㋒ Where　㋓ Which

(2) She didn't know (　　　) documents were on the desk.〔関西学院大〕
㋐ whoever　㋑ who　㋒ whom　㋓ whose

(3) She decided to buy the bicycle, (　　　) it was expensive.〔愛知学院大〕
㋐ after　㋑ though　㋒ that　㋓ or

(4) "How (　　　) is the post office from here?" "About three kilometers."〔中部大〕
㋐ long　㋑ big　㋒ heavy　㋓ far

(5) Who do you think (　　　) the good novelists of today?　novelists 小説家
㋐ are　㋑ be　㋒ being　㋓ that are　㋔ who are〔明治学院大〕

□ **3** 次の（　）内に入れるのに最も適切なものを，記号で選びなさい。

(1) (　　　) beautiful day it is!〔京都産業大〕
㋐ How　㋑ Such　㋒ What　㋓ What a

(2) (　　　) we're having for this time of year!〔松山大〕
㋐ What weather terrible　㋑ How terrible weather　terrible ひどい
㋒ How weather terrible　㋓ What terrible weather

□ **4** 次の（　）内に入れるのに最も適切なものを，記号で選びなさい。

(1) Let's start working on it this afternoon, (　　　)?〔北海道学園大〕
㋐ shall we　㋑ do we　㋒ don't you　㋓ don't we

(2) We seldom see her laughing, (　　　)?　seldom めったに〜ない
㋐ don't we　㋑ do we　㋒ shall we　㋓ won't we〔日本女子大〕

7 助動詞

解答▸別冊P.6

POINTS 1

▶助動詞－助動詞＋動詞の原形　動詞の前に置き，動詞を助け意味をふくらませる働きをする。

大学入試によく出る助動詞

can't「～であるはずがない」 must「～に違いない」 would「どうしても～しようとした」

may well「～するのももっともだ」 may〔might〕as well「～したほうがいい」

may〔might〕as well ～ as —「—するくらいなら～したほうがましだ」

don't have to＝need not＝don't need to「～する必要はない」

Pre-test 1 次の文を（　）内の助動詞を用いて書きかえなさい。

(1) You play the piano. (can) ______________________

(2) Tom comes tonight. (may) ______________________

(3) It is rainy. (will) ______________________

◆下線部の助動詞と同じ意味になるように，（　）内に適当な語を書きなさい。

(4) I <u>can</u> speak English. ＝I (　　　　) (　　　　) (　　　　) speak English.

(5) You <u>must</u> go to school. ＝You (　　　　) (　　　　) go to school.

(6) He <u>will</u> play soccer. ＝He (　　　　) (　　　　) (　　　　) play soccer.

POINTS 2

▶その他の助動詞

should＝ought to「～すべきだ」 You **should**〔**ought to**〕study hard.　一生懸命勉強すべきだ。

would＝used to「よく～したものだ」

I **would**〔**used to**〕go skiing.　私はよくスキーに行ったものだ。

used to「かつては～だった（しかし今は～ない）」現在との対比　(would は用いられない)

There **used to** be a big tree.　かつては大きな木があった。(しかし今はない)

had better「～したほうがよい」　You **had better** go there.　そこに行ったほうがよい。

would rather「むしろ～したい」　I **would rather** stay at home.　私はむしろ家にいたい。

would rather A than B 「BよりむしろAしたい」

I **would rather** stay at home **than** go out.　出かけるよりむしろ家にいたい。

would like to「～したい」　I **would like to** eat it.　私はそれを食べたい。

Pre-test 2 次の（　）内に適当な語を書きなさい。

(1) You (　　　　) better speak more slowly.

(2) I used (　　　　) go skating in winter.

(3) You ought (　　　　) work harder.

Exercises

□ **1** 次の英文を日本語にしなさい。

(1) It's late. You might as well go to bed.

(2) Her parents wouldn't let her go alone. She is still too young. 〔京都産業大〕

□ **2** 次の（ ）内に入れるのに最も適切なものを，記号で選びなさい。

(1) I ( ) stay home and watch TV than go out. 〔青山学院大・改〕
㋐ had better ㋑ ought to ㋒ would rather ㋓ would like

(2) The water in this pond is not as clear as it ( ) to be. 〔四天王寺国際仏教大〕
㋐ used ㋑ is ㋒ was ㋓ going

(3) I think you'd better not ( ) out late at night. 〔九州国際大〕
㋐ to go ㋑ going ㋒ gone ㋓ go

(4) Jill ( ) be hungry. She has just had a good lunch. 〔東京電機大〕
㋐ can ㋑ can't ㋒ must ㋓ mustn't

(5) I pushed hard, but the door ( ) not open. 〔実践女子大〕
㋐ could ㋑ might ㋒ should ㋓ would

□ **3** 次の（ ）内に入れるのに最も適切なものを，記号で選びなさい。

(1) The car broke down, and we ( ) a taxi. 〔慶應義塾大〕
㋐ must have gotten ㋑ had got to get ㋒ had to get ㋓ must get

(2) I can't find my scissors on my desk. My son ( ) them. 〔札幌大〕
㋐ will move ㋑ ought to move ㋒ must have moved ㋓ used to move

(3) You ought ( ) the package by special delivery. 〔関西学院大〕
㋐ to have sent ㋑ have sent
㋒ to have been sent ㋓ having sent

special delivery 速達

□ **4** 次の（ ）内に入れるのに最も適切なものを，記号で選びなさい。

(1) A : You certainly know a lot about the sea. 〔愛知学院大〕
B : A long time ago I ( ) work on a ship.
㋐ used to ㋑ ought to ㋒ might ㋓ should

(2) A : John is always asking his friends for money. 〔追手門学院大〕
B : You ( ) throw your money away as lend it to him.
㋐ may well ㋑ might well ㋒ might as ㋓ might as well

復習問題 ❶

1～7単元

標準編

□ **1** 次の英文は何文型か。（　）内に１～５の数字を書きなさい。

(1) You are my sunshine. 第（　　　）文型

(2) We took a picture of the house. 第（　　　）文型

(3) The polestar shows you the direction. 第（　　　）文型

(4) You should keep your teeth clean. 第（　　　）文型

(5) He goes to school by bus. 第（　　　）文型

polestar 北極星

□ **2** 次の（　）内から最も適切なものを選び，○で囲みなさい。

(1) He has been in hospital, so I (am going to, will) visit him.

(2) (Will, Shall) you pass me the salt?

(3) The sun (will rise, rise, rises) in the east.

(4) He always (will have, have, has) breakfast.

(5) I (will play, play, played) tennis yesterday.

(6) I'll tell him the truth when he (will come, comes, came) back.

□ **3** 次の（　）内に入れるのに最も適切なものを，記号で選びなさい。

(1) I (　　　) this program on TV.

㋐ am been watched　㋑ have not watching　㋒ have never watched

(2) He (　　　) the guitar since last night.

㋐ has been playing　㋑ have not playing　㋒ has played

□ **4** 次の日本語の意味になるように，（　）内に適当な疑問詞を書きなさい。

(1) あなたはどれくらいの間，ここにいますか。

(　　　　　) long have you been here?

(2) 何時か教えてください。

Please tell me (　　　　　) time it is.

□ **5** 次の（　）内に入れるのに最も適切なものを，記号で選びなさい。

(1) "Must I go there now?" "No, you (　　　)."

㋐ mustn't　㋑ needn't　㋒ don't

(2) Let her do it, (　　　)?

㋐ shall we　㋑ will she　㋒ will you

(3) She (　　　) go to club, but she doesn't.

㋐ would rather　㋑ used to　㋒ is use to

実戦編

□ **1** 次の（　）内に入れるのに最も適切なものを，記号で選びなさい。

(1) (　　　) made you change your mind?　〔大阪学院大〕

㋐ How　㋑ What　㋒ When　㋓ Why

(2) The novel was so exciting that I never got (　　　).　〔愛知学院大・改〕

㋐ bore　㋑ bored　㋒ boring　㋓ to bore

(3) They knew I had been to London and asked me what it was (　　　).　〔城西大〕

㋐ seem　㋑ seen　㋒ like　㋓ alike

(4) When we arrived at the birthday party, (　　　) nothing left to eat or drink.

㋐ they were　㋑ there was　㋒ we were　㋓ it was

□ **2** 次の（　）内に入れるのに最も適切なものを，記号で選びなさい。

(1) Let's sing and dance all together, (　　　) we?　〔京都学園大〕

㋐ shall　㋑ will　㋒ should　㋓ would

(2) What (　　　) Simon is!　〔松山大〕

㋐ a fool　㋑ fool　㋒ a foolish　㋓ foolish

(3) After leaving school, they suddenly discover (　　　) to find a job.　〔城西大〕

㋐ it is how difficult　㋑ how it is difficult

㋒ how difficult is it　㋓ how difficult it is

discover 悟る

□ **3** 次の（　）内に入れるのに最も適切なものを，記号で選びなさい。

(1) A : Must I finish this assignment now?　〔札幌学院大〕

B : No, you (　　　). There is no hurry.

assignment 仕事，宿題

㋐ couldn't　㋑ mustn't　㋒ needn't　㋓ wouldn't

(2) At one time I (　　　) swimming every summer.　〔城西大〕

㋐ went　㋑ have gone　㋒ had gone　㋓ used to go

(3) We (　　　) to theaters about once a week.　〔大阪経済大〕

㋐ have been　㋑ will go　㋒ go　㋓ is going

(4) I had better (　　　) careful not to catch cold.　〔関東学院大〕

㋐ being　㋑ be　㋒ been　㋓ be to

8 不定詞

解答▸別冊P.7

POINTS 1

▶**不定詞**－**to＋動詞の原形**の形をとり，名詞的用法・形容詞的用法・副詞的用法の３用法がある。

① **名詞的用法**－主語・補語・目的語として用いられ，「～すること」と訳す。

② **形容詞的用法**－名詞の後ろに置かれ，「～すべき，～するための」と訳す。

③ **副詞的用法**－目的「～するために」，原因・理由「～して，～するとは」，結果「その結果～」と訳す。

否定の不定詞－not を to＋動詞の原形の前に置く。

I want him **not to go** there.　私は彼にそこへ行かないでほしい。

▶**完了不定詞**－**to have＋過去分詞**　述語動詞の表す時制より以前のことを表す。

▶**原形不定詞**－to のない不定詞のことで，**動詞の原形**を用いる。

▶**知覚動詞**（see，hear，feel など）
使役動詞（have，let，make など）｝**＋O＋原形不定詞**

I saw him **swim** in the pool.
私は彼がプールで泳ぐのを見た。

Pre-test 1　次の（　）内から適切なものを選び，○で囲みなさい。

(1) I like (ski，to ski) in winter.

(2) I heard him (sing，to sing) a song.

(3) I want her (not to swim，to not swim) in the river.

POINTS 2

▶**不定詞の書きかえ**

① I expect that she will go to Hawaii.　私は彼女がハワイに行くことを期待している。
　→ I expect her to go to Hawaii.　私は彼女にハワイに行ってほしい。

② It is＋形容詞＋for〔of〕＋意味上の主語＋to ～（性質を表す形容詞のときは of を用いる）
　English is not easy for me to speak.　英語は私が話すにはやさしくない。
　→ **It** is not easy **for** me **to** speak English.　私が英語を話すことは簡単でない。

③ in order to ～，so as to ～を用いて，副詞的用法の「目的」であることを明確にする。
　I came here **to see** you.
　→ I came here **in order to see** you.　私はあなたに会うために，ここに来た。

④ so ... that ―（can）～　→　enough to ～，so ... as to ～「とても…なので～する」
　so ... that ―（can）not ～　→　too ... to ～「とても…なので～しない」
　This book is **so** easy **that** I can read it.　この本は非常にやさしいので，私は読める。
　→ This book is easy **enough** for me **to** read.　この本は私が読めるほどやさしい。

Pre-test 2　次の（　）内から最も適切なものを選び，○で囲みなさい。

(1) It is difficult (for，of，by) us to reach the top of the mountain.

(2) I went to the station so (order，too，as) to see Mother.

Exercises

□ **1** 次の文と同じ用法の不定詞を含むものを下から選び，記号で書きなさい。

(1) I went to Paris to study art. (　　)
(2) I was sad to hear the news. (　　)
(3) It is possible to answer the question. (　　)
(4) I want time to sleep. (　　)

㋐ I have a lot of work to do.　　㋑ I'm very glad to meet you.
㋒ I want to listen to the radio.　　㋓ I got up earlier to see her.

□ **2** 次の（　）内に入れるのに最も適切なものを，記号で選びなさい。

(1) You should (　　　) attract attention. 〔関東学院大〕
㋐ try to not　㋑ to try not　㋒ try not to　㋓ to not try

(2) Tom didn't tell the truth (　　　) hurt his mother. hurt 傷つける 〔日本女子大〕
㋐ as so not to　㋑ not so as to　㋒ so as not to　㋓ so not as to

(3) The President has been reported (　　　) from the flu. 〔清泉女子大〕
㋐ to have suffered　㋑ having suffered
㋒ to have been suffered　㋓ having been suffered
suffer 苦しむ　flu インフルエンザ

□ **3** 次の（　）内に入れるのに最も適切なものを，記号で選びなさい。

(1) He spoke so fast that I could not understand him. 〔実践女子大〕
He spoke (　　　) fast for me to understand.
㋐ so　㋑ such　㋒ too　㋓ very

(2) He was careless to make the same mistake. 〔実践女子大〕
It was careless (　　　) him to make the same mistake. careless 不注意な
㋐ by　㋑ in　㋒ of　㋓ for

(3) Mr. White announced a set of rules (　　　) create a better learning environment.
㋐ aiming at　㋑ hoping for　㋒ in order to　㋓ so that 〔愛知学院大・改〕

□ **4** 次の（　）内に入れるのに最も適切なものを，記号で選びなさい。

(1) My car has broken down. I must have it (　　　) as soon as possible. 〔国學院大〕
㋐ repairing　㋑ repaired　㋒ repair　㋓ to repair　repair 修理する

(2) My pen is not working, so let me (　　　). 〔近畿大〕
㋐ have another　㋑ have other one　㋒ to have others　work 機能する
㋓ to have the other

(3) I was made (　　　) my name to the document against my will. 〔神奈川大〕
㋐ to sign　㋑ sign　㋒ have signed　㋓ signing

9 動名詞

解答▸別冊P.8

POINTS 1

▶動名詞－**動詞の原形＋ing** の形をとり，「～すること」と訳す。

▶動名詞は① **主語** ② **補語** ③ **目的語** ④ **前置詞の目的語**になる。

① **Skiing** is fun. 〔＝**To ski** is fun.〕 スキーをすることはおもしろい。

② My hobby is **skiing**. 〔＝My hobby is **to ski**.〕 私の趣味はスキーをすることです。

③ I like **skiing**. 〔＝I like **to ski**.〕 私はスキーをすることが好きです。

④ I am interested in **skiing**. 〔不定詞にできない〕 私はスキーをすることに関心がある。

▶動名詞の意味上の主語－動名詞の前に置く。代名詞は所有格（または目的格）にする。

My mother is proud that **I** am pretty. 母は私が美人なのを自慢にしている。

→ My mother is proud of **my**（または **me**）being pretty.

▶動名詞を用いた慣用表現－on ～ing「～するとすぐに」, be worth ～ing「～する価値がある」など。

This movie is worth **watching**. この映画は見る価値がある。

Pre-test 1 次の（ ）内から最も適切なものを選び，○で囲みなさい。

(1) I am fond of (swim, to swim, swimming).

(2) Thank you for (help, to help, helping) me.

POINTS 2

▶**動詞の目的語**として用いる場合

① **動名詞のみ**を用いる動詞－enjoy, finish, mind, deny, avoid, admit, stop など。

I **stopped smoking**. 私はタバコを吸うのをやめた。

cf. I stopped **to smoke**.（to smoke は不定詞） 私はタバコを吸うために立ち止まった。

② **不定詞のみ**を用いる動詞－plan, hope, wish, decide, expect, refuse など。

I **decided to go** to New York. 私はニューヨークに行くことを決心した。

③ **動名詞と不定詞の両方とも**用いる動詞－begin, start, like, continue など。

I **began watching**（＝**to watch**）TV. 私はテレビを見始めた。

④ **動名詞か不定詞かで意味の変わる**動詞－forget, remember, try など。

I'll never **forget talking** with her. 彼女と話をしたのを忘れません。

Don't **forget to talk** with her tomorrow. 明日，彼女と話をするのを忘れないでください。

▶完了形の動名詞－**having＋過去分詞** で，述語動詞の表す時制より以前のことを表す。

I am ashamed that I **told** a lie.

→ I am ashamed of **having told** a lie. 私はうそを言ったことを恥ずかしく思っている。

Pre-test 2 次の（ ）内から適切なものを選び，○で囲みなさい。

(1) I expected him (to pass, passing) the exam. expect 期待する

(2) Will you admit (to have broken, having broken) the windows? admit 許す

Exercises

□ **1** 次の（ ）内に入れるのに最も適切なものを，記号で選びなさい。

(1) I have just finished ( ) this short story. 〔大阪商業大〕

㋐ read ㋑ reading ㋒ to read ㋓ to have read

(2) That story is worth ( ). worth 価値がある

㋐ recall ㋑ to recall ㋒ recalled ㋓ recalling

(3) Can you read this English book without ( ) a dictionary? 〔広島工業大〕

㋐ use ㋑ using ㋒ to use ㋓ used

(4) I'm not proud of ( ). 〔国學院大〕

㋐ my family being rich ㋑ my family are rich

㋒ my family is rich ㋓ my family be rich

□ **2** 次の（ ）内に入れるのに最も適切なものを，記号で選びなさい。

(1) He is not yet used ( ) in a cold room. 〔愛知工業大〕

㋐ living ㋑ to living ㋒ to live ㋓ lived

(2) I'm looking forward to ( ) from you again. 〔東海大〕

㋐ seeing ㋑ see ㋒ hear ㋓ hearing

(3) I prefer playing golf ( ) golf. 〔東海大〕

㋐ to watch ㋑ to watching ㋒ than watch ㋓ than watching

(4) I don't remember ( ) you before. Have we? 〔京都産業大〕

㋐ meeting ㋑ meeting by ㋒ to meet ㋓ to meet with

□ **3** 次の（ ）内に入れるのに最も適切なものを，記号で選びなさい。

(1) I don't mind ( ) up early during the weekend. 〔札幌学院大〕

㋐ to get ㋑ get ㋒ getting ㋓ got

(2) Sometimes our teacher didn't ( ) an English dictionary. 〔関西学院大〕

㋐ allow us to use ㋑ allow us using

㋒ allow us to using ㋓ allow us use

□ **4** 次の（ ）内に入れるのに最も適切なものを，記号で選びなさい。

(1) Just ( ) hard is not good enough to pass this examination. 〔南山大〕

㋐ trying ㋑ being tried ㋒ having been tried ㋓ try

(2) Don't forget ( ) the letter I gave you. 〔九州国際大〕

㋐ posting ㋑ having posted ㋒ to post ㋓ post

⑩ 分　詞

解答▸別冊P.9

POINTS 1

▶現在分詞（動詞の原形＋ing の形）の限定用法（名詞などを修飾する用法）「～している」の意味。

① 現在分詞 1 語だけの場合…名詞の前に置き，名詞を説明するように訳す。

現在分詞＋名詞	**a swimming boy**	1人の泳いでいる少年

② 現在分詞に説明の語句がついている場合…現在分詞を名詞の後ろに置く。

名詞＋現在分詞＋説明の語句
a boy swimming in the pool　　プールで泳いでいる1人の少年

▶過去分詞の限定用法「～される，～された」の意味。

① 過去分詞 1 語だけの場合…名詞の前に置き，名詞を説明するように訳す。

過去分詞＋名詞	**a broken door**	1枚のこわされたドア

② 過去分詞に説明の語句がついている場合…過去分詞を名詞の後ろに置く。

名詞＋過去分詞＋説明の語句
a door broken by Ken　　健によってこわされた1枚のドア

Pre-test 1 次の（　）内から適切なものを選び，○で囲みなさい。

(1) Look at the (opening, opened) window.

(2) Look at the man (playing, played) the piano.

POINTS 2

▶第２文型（主格補語になる分詞）

① S＋V＋C（現在分詞）（S は～しながら…する）

She sat looking at the cat.　　彼女はねこを見ながら座っていた。

② S＋V＋C（過去分詞）（S は～されて…する）

He stood surrounded by his students.　　彼は生徒に囲まれて立っていた。

▶第５文型（目的格補語になる分詞）

① S＋V＋O＋C（現在分詞）（S は O が～しているのを…する）

I saw him playing baseball.　　私は彼が野球をしているのを見た。

② S＋V＋O＋C（過去分詞）（S は O が～されるのを…する）

I heard my name called.　　私は自分の名前が呼ばれるのを聞いた。

▶ある動作や状態にほかの動作や状態が伴っていることを表す。（付帯状況）

She listened to me with her eyes closed.　　彼女は目を閉じて私の話を聞いた。

Pre-test 2 次の（　）内から適切なものを選び，○で囲みなさい。

(1) The game is (exciting, excited).

(2) The man looked (surprising, surprised).

(3) I kept him (waiting, waited).

Exercises

□ **1** 次の（　）内から最も適切なものを選び，○で囲みなさい。

(1) A (rolling, rolled) stone gathers no moss.　roll ころがる　〔近畿大・改〕

(2) I'm really (exciting, excited) about the coming vacation.　excite 興奮させる　〔亜細亜大〕

(3) He has his trousers (pressing, pressed) every day.　press アイロンをあてる　〔青山学院大・改〕

(4) I was disappointed with his (boring, bored) lecture.　bore 退屈させる　〔関西学院大・改〕

(5) I was really (amazing, amazed) when I got it.　amaze びっくりさせる　〔東京農業大・改〕

□ **2** 次の（　）内に入れるのに最も適切なものを，記号で選びなさい。

(1) Who is the fat man (　　　) in the corner?　〔青山学院大〕
　㋐ sit　㋑ to sit　㋒ sitting　㋓ sits

(2) I received a letter (　　　) in Spain.　〔金沢工業大〕
　㋐ be written　㋑ is writing　㋒ to write　㋓ written

(3) The girl (　　　) to the teacher is from Australia.　〔札幌大・改〕
　㋐ to talk　㋑ talking　㋒ talked　㋓ being talked

(4) The Panama Canal cuts through the narrow passage of land (　　　) the Pacific Ocean from the Caribbean Sea.　〔関西学院大〕
　㋐ to divide　㋑ divided　㋒ having divided　㋓ dividing

narrow 狭い　passage 水路　divide 分ける

□ **3** 次の（　）内に入れるのに最も適切なものを，記号で選びなさい。

(1) I am very sorry I have kept you (　　　) so long.　〔愛知工業大〕
　㋐ wait　㋑ waited　㋒ waiting　㋓ to wait

(2) He was seen (　　　) into a coffee shop with his friend.　〔関西学院大〕
　㋐ go　㋑ going　㋒ gone　㋓ went

(3) Be sure to keep your seat belt (　　　) until the sign is turned off.　〔東京電機大〕
　㋐ fasten　㋑ to fasten　㋒ be fastened　㋓ fastened

□ **4** 次の英文を日本語にしなさい。

(1) He came running all the way from the station.

----

(2) He listened to the music with his arms crossed.

----

11 形容詞・副詞

解答▸別冊P.10

POINTS 1

▶形容詞の**限定用法**（名詞や代名詞を修飾する用法）

① **形容詞＋名詞**　He has **a new bag.**　彼は新しいカバンを持っている。

② **名詞＋形容詞**　（形容詞が修飾語句を伴う場合）

There is **a box full of oranges.**　オレンジでいっぱいの箱があります。

③ **名詞＋形容詞**　（something のように～thing に形容詞をつける場合）

I want **something cold.**　私は何か冷たい物がほしい。

▶形容詞の**叙述用法**（第２文型・第５文型の補語になる用法）

① 第２文型（主格補語）　This book is **interesting.**　この本はおもしろいです。

② 第５文型（目的格補語）　I found it **interesting.**　私はそれがおもしろいとわかった。

▶**数量形容詞**

① 「いくつかの」：some（肯定文に用いる），any（疑問文・否定文に用いる）

② 「多くの」：many（数えられる名詞を修飾），much（数えられない名詞を修飾）
　　＝a lot of＝lots of＝plenty of

③ 「少しの」：a few（数えられる名詞を修飾），a little（数えられない名詞を修飾）

④ 「ほとんど～ない」：few（数えられる名詞を修飾），little（数えられない名詞を修飾）

Pre-test 1　下線部の形容詞は限定用法・叙述用法のどちらですか。（　）内に書きなさい。

(1) Look at the tall building over there.　（　　　　　）

(2) This vase makes the room beautiful.　（　　　　　）

POINTS 2

▶**副詞の用法**　動詞・形容詞・他の副詞，句や節，文全体なども修飾する。

▶**準否定**－頻度，程度，数量が非常に少ないとき用いる。

few〔little〕「ほとんど～ない」，hardly「ほとんど～ない」，rarely「めったに～ない」など。

▶**部分否定**－「～とは限らない」という部分的な否定。

not all〔not every〕「すべてが～とは限らない」，not always「いつも～とは限らない」，
not both「両方とも～とは限らない」，not quite「まったく～というわけではない」

▶**二重否定**－１つの文の中に否定語が２つあると，肯定の意味になる。

There is **no** mother who **does not** love her children.
自分の子どもを愛さない母親はいない。（すべての母親は自分の子どもを愛する。）

▶その他　not ～ either「…もまた～ない」など。

Pre-test 2　次の日本語の意味になるように，（　）内に適当な語を書きなさい。

(1) 私はほとんどお金を持っていない。　I have (　　　　　) money.

(2) 私は彼女をほとんど知らない。　I (　　　　　) know her.

Exercises

□ **1** 次の（ ）内に入れるのに最も適切なものを，記号で選びなさい。

(1) You have (　　　) time left.　〔京都産業大・改〕

㋐ a few　㋑ few　㋒ any　㋓ little　　left 残された

(2) In this group, (　　　) the boys are six years old.　〔同志社大・改〕

㋐ almost　㋑ mostly all　㋒ most of　㋓ most

(3) Since I was a child, I've always wanted to study (　　　).　〔大阪経済大〕

㋐ abroad　㋑ for abroad　㋒ in abroad　㋓ to abroad

(4) There is (　　) any time for argument.　〔慶應義塾大・改〕

㋐ a few　㋑ few　㋒ hardly　㋓ little　　argument 議論

□ **2** 次の（ ）内に入れるのに最も適切なものを，記号で選びなさい。

(1) It seemed (　　　) to me that John is guilty.　〔城西大〕

㋐ clear　㋑ clearing　㋒ clearly　㋓ clarify　　guilty 有罪の

(2) It is (　　　) that you have already finished your assignment.　〔成城大〕

㋐ surprise　㋑ surprised　㋒ surprising　㋓ to surprise　　assignment 仕事，宿題

(3) Only (　　　) companies will be able to benefit from the new regulation.　〔国士舘大〕

㋐ much　㋑ a few　㋒ most　㋓ a little

(4) I spend (　　　) a month in China.　〔大阪学院大〕

㋐ all　㋑ almost　㋒ most　㋓ mostly

(5) A : Are you busy tonight?　〔京都産業大〕

B : Yes, I have (　　) homework.

㋐ a great deal　㋑ lot of　㋒ lots of　㋓ many

□ **3** 次の（ ）内に入れるのに最も適切なものを，記号で選びなさい。

(1) I (　　　) hear the radio. Would you please turn it up?　〔広島工業大〕

㋐ can't better　㋑ can hard　㋒ can't hardly　㋓ can hardly

(2) A : It's not very cold. I don't think we need these big jackets.

B : I don't think so, (　　　).　〔京都橘大〕

㋐ moreover　㋑ neither　㋒ either　㋓ too

□ **4** 次の文がほぼ等しい意味になるように，（ ）内に適当な語を書きなさい。ただし，最初の一字は（ ）内に示してあります。

Spring doesn't always bring blue skies. Far from it.　〔名古屋外国語大〕

Spring (r　　　) (b　　　) blue skies.

12 比　較

解答▸別冊P.11

POINTS 1

▶形容詞と副詞には，**原級・比較級・最上級**がある。

① **as＋原級（…）＋as ～**　「～と同じ（ぐらいの）…」

Tom is as old as Jim.　トムはジムと同じ（ぐらいの）年です。

② **not as〔so〕＋原級（…）＋as ～**　「～ほど…ない」

Father is not as young as Mother.　父は母ほど若くない。

③ **比較級（…）＋than ～**　「～より…」

Mother is younger than Father.　母は父より若いです。

④ **比較級（…）＋than any other＋単数名詞（～）**　「他のどの～より…」（最上級の意味を表す）

He is taller than any other boy in the class.　クラスの中で他のどの少年より背が高いです。

＝No (other) boy in the class is as〔so〕tall as he.

＝He is the tallest boy in the class.

⑤ **（the＋）最上級（…）＋of〔in〕～**　「～の中でいちばん…」（副詞のとき，the は省略できる）

Father is the oldest of the five.　父は５人の中でいちばん年上です。

Pre-test 1　次の（　）内に適当な語を書きなさい。

(1) I can run faster than (　　　　　) other student in my class.

(2) I can run fastest (　　　　　) the five men.

POINTS 2

▶その他の表現

① **superior，inferior，senior，junior** は，than の代わりに to を用いる。

You are superior to me in English.　君は英語では私より優れている。

② **half〔twice，three times〕as＋原級（…）＋as ～**　「～の半分の〔２倍の，３倍の〕…」

I am half as old as Mother.　私は母の半分の年齢です。

③ **The＋比較級 …，the＋比較級 ～**　「…すればするほど，ますます～」

The higher we go up, the colder it becomes.　高く上れば上るほど，ますます寒くなる。

④ **程度・差異を表す by**

He is older than Tom by two years.　彼はトムより２歳年上です。

▶**比較級を強める語**：much〔far，still，even，yet，a lot〕を比較級の前に置く。

▶**最上級を強める語**：much the＋最上級，the very＋最上級，by far the＋最上級，the＋最上級＋possible など。

Pre-test 2　次の（　）内に適当な語を書きなさい。

(1) I am three years junior (　　　　　) you.

(2) The older she grew, the (　　　　　) beautiful she became.

Exercises

□ **1** 次の（ ）内に入れるのに最も適切なものを，記号で選びなさい。

(1) She is shorter than (　　　) in her class. 〔聖徳岐阜教育大・改〕

㋐ any other girls　㋑ any other girl　㋒ anything else

(2) Does Kaoru need (　　　) more books than her sister? 〔大阪経済大〕

㋐ so　㋑ as　㋒ very　㋓ far

(3) Tom has collected (　　　) records as I have. 〔立正大・改〕

㋐ as many twice　㋑ twice many as　㋒ twice as many

□ **2** 次の（ ）内に入れるのに最も適切なものを，記号で選びなさい。

(1) In England, it is always hotter in July (　　　). 〔城西大〕

㋐ as September　㋑ as in September

㋒ than September　㋓ than in September

(2) Tom is taller than my brother (　　　) a head. 〔國學院大〕

㋐ for　㋑ on　㋒ of　㋓ by

(3) This car is better in design than that one.

This car is (　　　) in design to that one. 〔実践女子大〕

㋐ exterior　㋑ inferior　㋒ interior　㋓ superior

(4) Mary is beautiful, but her sister is (　　　) more beautiful. 〔日本女子大〕

㋐ most　㋑ much　㋒ so　㋓ very

(5) Although Bill is the younger of the two, he is more (　　　) than George.

㋐ serious　㋑ sharp　㋒ smart　㋓ strong 〔京都産業大〕

□ **3** 次の（ ）内に入れるのに最も適切なものを，記号で選びなさい。

(1) I like to keep fit, so I go swimming as (　　　) as I can. 〔九州国際大〕

㋐ many　㋑ lot　㋒ better　㋓ often　keep fit 健康を維持する

(2) That was the (　　　) rain that they had ever had. 〔関東学院大〕

㋐ heavy　㋑ much　㋒ heaviest　㋓ most

□ **4** 次の（ ）内の語を並べかえて，日本語の意味を表す英文にしなさい。

注意深ければ注意深いほど，間違いを犯さなくなる。

(are, the, you, careful, more), the less likely you will be to make mistakes. 〔学習院大〕

...., the less likely you will be to make mistakes.

13 受動態

解答▸別冊P.11

POINTS 1

▶第３文型（S＋V＋O）の受動態の作りかた－**目的語を主語に，主語を by＋目的格**にする。

I **love** him.　私は彼を愛している。　→　He **is loved** by me.　彼は私に愛されている。

▶第４文型（S＋V＋IO＋DO）の受動態の作りかた－**be 動詞＋過去分詞＋（to／for／of＋）目的語＋ by ～**

① 動詞が give，lend，pay，show，tell，teach などの場合，受動態が２つできる。

I **showed** him an album.　→　He was shown an album by me.
→　An album was shown（to）him by me.

② 動詞が read，sing などの場合，DO を主語にする文しか作れない。

I **write** him a letter.　→　A letter is written（to）him by me.

③ 動詞が buy，find，get，make などの場合，DO を主語にし，IO の前に必ず for をつける。

I **make** him a dress.　→　A dress is made for him by me.

▶第５文型（S＋V＋O＋C）の受動態の作りかた－**be 動詞＋過去分詞＋目的格補語＋by ～**

① I called my dog Taro.　→　My dog was called Taro by me.

② 目的格補語が原形不定詞の場合，［to＋動詞の原形］にする。

I saw him **run**.　→　He was seen **to run** by me.

Pre-test 1　次の（　）内から最も適切なものを選び，○で囲みなさい。

(1) English（speaks，is spoken）in America.

(2) She was heard（sing，is sung，to sing）a song by me.

POINTS 2

▶助動詞を含む場合－**助動詞＋be＋過去分詞**

We can see stars at night.　→　Stars **can be seen** at night（by us）.

▶look after，laugh at など－**群動詞＋by ～**　群動詞は１つの動詞として扱う。

People laughed at his speech.　→　His speech **was laughed at** by people.

▶**by 以外の前置詞を用いる受動態**：**cover，know，interest，please，make などの動詞**

Snow covers the top of Mt. Fuji.　→　The top of Mt. Fuji **is covered with** snow.

▶完了形の受動態－**have（has）been＋過去分詞**

▶行為者が不明か自明（不要）か一般の人のとき－**by 以下は省略**するのが普通。

▶命令文の受動態－**Let＋目的語＋be＋過去分詞**（文語的な表現）

Close the door.　→　Let the door be closed.　ドアを閉めなさい。

Pre-test 2　次の（　）内から最も適するものを選び，○で囲みなさい。

(1) Cheese is made（by，of，from）milk.

(2) He is interested（in，with，to）soccer.

Exercises

□ **1** 受動態の文になるように，(　) 内に適当な語を入れなさい。

(1) We saw him enter the room. 〔関西大・改〕
→ He was (　　　) (　　　) (　　　) the room by us.

(2) They named the dog Pochi. 〔福岡工業大・改〕
→ The dog (　　　) (　　　) (　　　) by them.

□ **2** 次の (　) 内に適当な前置詞を書きなさい。

(1) The desk is made (　　　) wood.
(2) He is known (　　　) many people.
(3) She was pleased (　　　) the present.
(4) Most of the people in this nation are satisfied (　　　) the king.

nation 国 〔関西外国語大〕

□ **3** 次の (　) 内に入れるのに最も適切なものを，記号で選びなさい。

(1) I was made (　　　) for over an hour. 〔東洋大・改〕
㋐ wait　㋑ to wait　㋒ waiting　㋓ waited

(2) The illustration will not (　　　) in the book. 〔国士舘大〕
㋐ include　㋑ be including　㋒ be included　㋓ included

(3) George has been (　　　) by his grandparents since he was born. 〔摂南大〕
㋐ taken care　㋑ taken care of　㋒ taking care　㋓ took care of

□ **4** 次の文を受動態に書きかえなさい。

(1) Thomas Edison invented the electric light. 〔札幌学院大〕

....

(2) Open the window at once. 〔愛知医大・改〕

....

□ **5** 次の (　) 内に入れるのに最も適切なものを，記号で選びなさい。

(1) He was (　　　) by all his classmates. 〔和光大〕
㋐ laughing at　㋑ laughing　㋒ to be laughed　㋓ laughed at

(2) I was made (　　　) by my father though it was raining very hard. 〔浜松大〕
㋐ go　㋑ went　㋒ to go　㋓ going

(3) The theater (　　　) in 1973 and rebuilt in 1990. 〔松山大〕
㋐ was found　㋑ founded　㋒ had founded　㋓ was founded

(4) He was (　　　) at the delay in the progress of the health program. 〔関西学院大〕
㋐ disappoint　㋑ disappointed　㋒ disappointing　㋓ disappointment

復習問題 ❷ 8〜13単元

□ **1** 次の（　）内から最も適切なものを選び，○で囲みなさい。

(1) She let him (enter, to enter) the room.
(2) I saw her (to cross, cross) the street.
(3) He seems (to be, being) busy now.
(4) We want her (not to be, to be not) lazy. lazy 怠惰な
(5) It is important (for, of, or) us to enjoy our life.
(6) It is kind (for, of, by) you to drive me home.
(7) She was so tired (that, it, as) she couldn't do anything.
(8) They went to the post office (in order, as, enough) to get some stamps.

□ **2** 次の（　）内から最も適切なものを選び，○で囲みなさい。

(1) Do you mind (go, going, to go) with me?
(2) He hopes (visit, visiting, to visit) Paris.
(3) She wanted (play, playing, to play) the violin.
(4) Don't forget (close, closing, to close) the window when you go out.
(5) She insisted on me (show, showing, to show) the pictures. insist 主張する

□ **3** 次の（　）内に適当な語を書きなさい。

(1) He can swim faster than (　　　　　) other student in his school.
(2) Nothing is (　　　　　) difficult as the weather forecast. forecast 予報
(3) This book is (　　　　　) so interesting as that one.
(4) The (　　　　　) you water the plants, the more they grow. water 水をやる
(5) They are superior (　　　　　) us in dancing. superior すぐれている

□ **4** 次の（　）内から最も適切なものを選び，○で囲みなさい。

(1) The language (spoken, speaking) in this country is Spanish.
(2) Who was this island (discovered, discovering) by? discover 発見する
(3) The pop music was (played, playing) by her guitar.
(4) She was the lady (called, calling) "The beauty sleeping in the forest." forest 森林
(5) Rome was not built (by, in, of) a day.

実戦編

□ **1** 次の（ ）内に入れるのに最も適切なものを，記号で選びなさい。

(1) Would you mind (　　) the door for me?　〔杏林大〕

㋐ open　㋑ to open　㋒ opening　㋓ opened

(2) Have you finished (　　) the letter yet?　〔城西大〕

㋐ writing　㋑ in writing　㋒ to write　㋓ write

(3) I'm sure (　　) coming to the party.　〔松山大〕

㋐ not his　㋑ his not　㋒ of his not　㋓ of not his

(4) The nurse suggested (　　) the children to the zoo.　〔松山大〕

㋐ take　㋑ takes　㋒ taking　㋓ taken　suggest 勧める

(5) He agreed (　　) us.　〔松山大〕

㋐ help　㋑ to help　㋒ helping　㋓ with help　agree 賛成する

(6) The teacher was so angry that he decided (　　) the student to enter the room.　〔広島工業大〕

㋐ not to allow　㋑ to not allow　㋒ not allowing　㋓ no allowing

(7) My brother is sitting on the sofa with his eyes (　　).　〔中部大〕

㋐ close　㋑ closing　㋒ closed　㋓ to close

(8) She regretted that she had not taken my advice.　〔実践女子大〕

She regretted not (　　) my advice.　regret 後悔する

㋐ been taken　㋑ being taken　㋒ taken　㋓ taking

□ **2** 次の（ ）内に入れるのに最も適切なものを，記号で選びなさい。

(1) Please (　　) me introduce myself.　〔帝京大〕

㋐ force　㋑ get　㋒ let　㋓ make

(2) Would you like to have your room (　　) right away or later?　〔東京電機大〕

㋐ clean　㋑ cleaned　㋒ cleaning　㋓ to clean

(3) My sister had her purse (　　) yesterday while she was shopping.　〔東京経済大〕

㋐ steal　㋑ stole　㋒ stolen　㋓ stealing

□ **3** 次の（ ）内に入れるのに最も適切なものを，記号で選びなさい。

(1) His daughter is younger than mine (　　) three years.　〔日本女子大〕

㋐ by　㋑ for　㋒ in　㋓ with

(2) I am (　　) interested in this topic than you are.　〔東北学院大〕

㋐ fewer　㋑ not very　㋒ no more　㋓ too much

14 名詞・冠詞

解答▸別冊P.14

POINTS 1

▶**可算名詞**－単数形・複数形の区別のある数えられる名詞。

- **普通名詞**（人や物の共通した名を表す）book, boy, car, girl, man, woman など。
- **集合名詞**（人や物の集合体を表す）family「家族」, audience「観衆」など。

▶**不可算名詞**－原則として複数形のない数えられない名詞。

- **固有名詞**（人名や地名・国名などを表す）Mr. Yamada, Osaka, Tokyo, Japan など。
- **抽象名詞**（性質や状態・感情など抽象的な事柄を表す）beauty「美しさ」, life「命」など。
- **物質名詞**（食物・液体・金属などの一定の形を持たない物質を表す）milk「牛乳」など。

▶**物質名詞の量の表しかた**：量や容器を表す語を前につけ，量や容器を単数形や複数形にする。
a cup of tea「コップ１杯のお茶」, two cups of tea「コップ２杯のお茶」

▶**名詞の転用**－不可算名詞を可算名詞にする。
a Ford(フォード製の車), glass(ガラス) → a glass(ガラスコップ), many sadnesses(多くの悲しみ)

▶**特別な用法**－〔of＋抽象名詞＝形容詞〕 of importance＝important「重要な」
〔with(in, on, by)＋抽象名詞＝副詞〕 with care＝carefully「注意深く」

Pre-test 1 次の名詞は普通・集合・固有・抽象・物質名詞のうちのどれか。（ ）内に書きなさい。

(1) people（　　　） (2) kindness（　　　） (3) China（　　　）
(4) bread（　　　） (5) bicycle（　　　） (6) coffee（　　　）

POINTS 2

▶**不定冠詞（a, an）**の用法－①初めて出てくる語につける ②１つの（＝one）
③～につき（＝per） ④～というもの（＝any） ⑤ある～（＝a certain, some）

▶**定冠詞（the）**の用法－①前に出た語につける ②唯一の物につける（the sun）
③初めての語でも状況からわかるときつける ④修飾語で限定されるときつける
⑤種類全体を表す ⑥〔the＋形容詞＝～の人々，～なもの〕the rich（金持ちの人々）

▶**冠詞をつけない場合**－①呼びかけ・家族の呼称 ②身分・官職を表す語が補語や同格のとき
③２語で対をなすとき（day after day, side by side）
④施設を表す名詞が，本来の目的を表すとき（go to school）
⑤ by＋交通手段などを表すとき（by bus, by train）

▶**冠詞の位置**－① all **the** books「その本すべて」 ② such **a** good book「こんなによい本」
③ too good **a** book「よすぎる本」 ④ so good **a** book「とてもよい本」

Pre-test 2 次の（ ）内に適当な冠詞（a, an, the）を入れなさい。不要の場合は×を入れなさい。

(1) Will you pass me（　　　）magazine,（　　　）Mom?
(2)（　　　）earth moves around the sun once（　　　）year.

Exercises

□ **1** 次の語を複数形にしなさい。

(1) city (　　　　　) (2) potato (　　　　　)
(3) photo (　　　　　) (4) ox (　　　　　)
(5) leaf (　　　　　) (6) roof (　　　　　)
(7) child (　　　　　) (8) goose (　　　　　)
(9) fish (　　　　　)

□ **2** CとDの関係がAとBの関係に対応するように，Dに一語書きなさい。

	A	B	C	D
(1)	knife	knives	tooth	(　　　　　)
(2)	good	best	ill	(　　　　　)
(3)	lie	lay	lay	(　　　　　)
(4)	economic	economy	true	(　　　　　)

□ **3** 次の（　）内から最も適切なものを選び，○で囲みなさい。

(1) His family (is, are) a large one.
(2) His family (is, are) all early risers.　　early riser 早起き
(3) We have (many, much) snow in Japan.
(4) Each of us (have, has) a room on the second floor at the hotel.　　〔大阪経済大〕

□ **4** 次の語を名詞形にしなさい。

(1) poor (　　　　　) (2) happy (　　　　　)
(3) free (　　　　　) (4) high (　　　　　)
(5) know (　　　　　) (6) believe (　　　　　)
(7) apply (　　　　　) (8) add (　　　　　)
(9) arrive (　　　　　)

□ **5** 次の文の下線部を形容詞または副詞にかえなさい。

(1) His advice is <u>of use</u> to me. (　　　　　)　　有益な
(2) He is a quiet person <u>by nature</u>. (　　　　　)　　〔神戸学院大・改〕
(3) Please handle it <u>with much care</u>. (　　　　　)　　<u>非常に注意深く</u>

□ **6** 次の（　）内から最も適切なものを選び，○で囲みなさい。

(1) Most people work five days (a, the) week.　　1週間<u>につき</u>　〔武庫川女子大〕
(2) (A, The) rich are not always happy.　　金持ちの人々・形容詞の名詞化
(3) She is (so clever a, so a clever) student.　　so のときの a の位置は？
(4) I want you to become (an, the) Edison.　　エジソン<u>のような人</u>　〔プール学院短大・改〕
(5) I went to the zoo (by, in) my father's car.　　乗り物の前に the や所有格がつくと？　〔慶應義塾大・改〕

15 代名詞 ① 人称・再帰・指示・疑問代名詞

解答▸別冊P.14

POINTS 1

▶**代名詞**－人称代名詞・指示代名詞・不定代名詞・疑問代名詞・関係代名詞

▶**所有代名詞**（～のもの）－mine, yours, his, hers, ours, theirs

① 名詞のくり返しを避ける。His dog is bigger than **mine**（＝my dog）.

② 名詞に a, this, that, some, no などがついているとき of＋所有代名詞で所有格の意味を表す。

（誤）He is **my a friend**.　（正）He is **a friend of mine**.　彼は私の友達の１人です。

▶**再帰代名詞**（～自身）－～self, ～selves（myself, himself, ourselves など）

① **再帰用法**　動詞の目的語が主語自身である。

I seated **myself** beside her.　私は彼女のそばに座った。

② **強意用法**　名詞・代名詞の後に置いて，それを強調する。（省いても文は成り立つ）

I **myself** did it.　私が自分でそれをした。（I を強調）

③ **前置詞＋再帰代名詞**　慣用表現として用いる。

by oneself「ひとりで」　for oneself「独力で，自分の力で」

in oneself「それ自体」　to oneself「自分だけで」

She lives in the house by herself.　彼女はひとりでその家に住んでいる。

Pre-test 1　次の（　）内から最も適切なものを選び，○で囲みなさい。

(1) Where did you see (he, his, him)?

(2) This is a bag of (my, me, mine).

POINTS 2

▶**指示代名詞**－this〔these〕, that〔those〕

① this〔these〕　近くのものを指す。　that〔those〕　離れたものを指す。

② that〔those〕＋of＋名詞　前に出た名詞のくり返しを避ける。

The climate of Japan is warmer than **that of Canada**.（that＝the climate）

③ this　前に出た，または次に述べる節・文を指す。　that　前に出た節・文を指す。

▶**疑問代名詞**－who, what, which

① 主語・補語・目的語の働きをする。

Who painted this picture?　だれがこの絵を描きましたか。

② 間接疑問文になる。

I don't know **who** painted this picture.　だれがこの絵を描いたのか私は知らない。

Pre-test 2　次の（　）内から最も適切なものを選び，○で囲みなさい。

(1) His manners are (that, those) of a gentleman.　manners 作法

(2) (Who, Whose, Whom) book is this? It is hers.

Exercises

□ **1** 次の文の下線部を人称代名詞一語で書きかえなさい。

(1) I saw a friend of <u>my sister's</u> here. (　　　　)

(2) These are <u>his father's</u> shoes. (　　　　)

(3) <u>His parents</u> are kind to me. (　　　　)

(4) I am younger than <u>Ken</u>. (　　　　)

(5) He spoke to <u>his mother</u>. (　　　　)

□ **2** 次の（　）内に入れるのに最も適切なものを，記号で選びなさい。

(1) The housekeeper spent the afternoon cleaning the living room tables and shelves, and now (　　　) shiny with furniture polish. 〔学習院大〕

㋐ their　㋑ there　㋒ they　㋓ they're

(2) I received an e-mail from an old friend of (　　　). 〔国士館大〕

㋐ mine　㋑ myself　㋒ me　㋓ my

(3) A：Have you ever seen a koala bear? 〔京都学園大〕

B：Yes, I saw (　　　) in Australia years ago.

㋐ it　㋑ one　㋒ this　㋓ that

(4) I cannot make (　　　) understood in Chinese. 〔工学院大〕

㋐ of me　㋑ myself　㋒ mine　㋓ me to

□ **3** 次の（　）内から最も適切なものを選び，○で囲みなさい。

(1) Look at the dress of (she, her, hers).

(2) I rent an apartment and live (on myself, by myself) now. 〔亜細亜大〕

(3) He is diligent. (It, That) is the secret of his success. diligent 勤勉な

(4) The population of Japan is smaller than (this, that) of China. population 人口 〔駒澤大〕

(5) Her eyes are like (that, those) of a cat.

□ **4** 次の文の誤りを正しなさい。

(1) Which came next in the sequence of the events? 〔立命館大〕 (　　　)→(　　　)

(2) It is a secret between you and I. 〔関西大〕 (　　　)→(　　　)

(3) Her story was simplicity herself. 〔千葉商科大・改〕 (　　　)→(　　　)

(4) He finished reading the book and shut one. 〔大阪経済大・改〕 (　　　)→(　　　)

(5) Do you know it? He passed the entrance exam. (　　　)→(　　　)

sequence 順番　simplicity 単純　entrance 入学

16 代名詞 ② 不定代名詞－itの用法

解答▶別冊P.15

POINTS 1

▶不定代名詞

① **one, ones**－前の名詞をくり返すときに用いる。one＝a＋名詞，it＝the＋名詞

② **no one**「だれも～ない[単数扱い]」，**none**「だれも〔なにも〕～ない[複数扱いが多い]」

③ **all**「すべての人[複数扱い]・すべての物[単数扱い]」，**both**「両方の[複数扱い]」
every＋名詞「あらゆる[単数扱い]」，**each**「それぞれ[単数扱い]」

④ **either**「どちらか一方[単数扱い]」，**neither**「どちらも～ない[単数扱い]」

⑤ **another**「別の１つ」，other＋名詞「別の～」，**others**「別のグループ」

⑥ **one ～, the other ...**「（２つを比べる）１つは～，もう１つは…」

⑦ **one ～, another ..., the other**－「（３つを比べる）１つは～，もう１つは…，またもう１つは－」

⑧ **one ～, the others ...**「（３つ以上を比べる）１つは～，残りは…」

⑨ **one ～, another ..., the others** －「（４つ以上を比べる）１つは～，もう１つは…，残りは－」

⑩ **some ～, others ...**「～するものもあれば，…するものもある」

Pre-test 1 次の（ ）内から最も適切なものを選び，○で囲みなさい。

(1) I have lost my shoes. I must buy new (one, ones).

(2) (Both, Either, Every) of these two are mine.

(3) I want (another, other) cup of tea.

POINTS 2

▶**itの特別用法**

①天候　②時間　③明暗　④距離　⑤漠然とした状況

It is rainy and cold today.	今日は雨が降っていて寒い。
How far is **it** from here to the station?	ここから駅までどれくらいの距離ですか。

⑥形式主語	**It** is wrong **to tell a lie**.	うそを言うことは悪いことです。
⑦形式主語	**It** is wrong **that you should tell a lie**.	
⑧形式目的語	I think **it** wrong **to tell a lie**.	うそを言うことは悪いことだと私は思います。
⑨形式目的語	I think **it** wrong **that you should tell a lie**.	
⑩強調構文	**It** was the man **that** I met yesterday.	私が昨日会ったのは，その男の人でした。

Pre-test 2 次の文のitは上のどの用法か，（ ）内に日本語で書きなさい。

(1) It is easy to speak English. （　　　　）

(2) It was last night that I met him. （　　　　）

(3) I found it easy to read this book. （　　　　）

Exercises

□ **1** 次の（　）内に入れるのに最も適切なものを，記号で選びなさい。

(1) I have left my umbrella behind on the bus. I have to buy (　　　).　〔日本女子大〕

㋐ each　㋑ one　㋒ some　㋓ them

(2) (　　　) surrounded the movie star.　surround 囲む　〔松山大〕

㋐ Every men　㋑ Every man　㋒ Each of the men　㋓ All of the men

(3) (　　　) of the students raised his hand.　raise 上げる　〔沖縄国際大〕

㋐ Every　㋑ Some　㋒ Any　㋓ Each

□ **2** 次の（　）内に入れるのに最も適切なものを，記号で選びなさい。

(1) (　　　) parents will go abroad next month.　〔関西学院大〕

㋐ Her both　㋑ Both her　㋒ Her both of　㋓ Both her of

(2) We have two toys here. You may choose (　　　) of them.　〔中央大〕

㋐ this　㋑ either　㋒ the other　㋓ that

(3) (　　　) of two cameras takes good pictures. Their lenses need polishing.　〔法政大〕

㋐ Both　㋑ Neither　㋒ Either　㋓ One　polish 磨く

□ **3** 次の（　）内に入れるのに最も適切なものを，記号で選びなさい。

(1) Tom is (　　　) of a musician.　〔国士舘大〕

㋐ everyone　㋑ everything　㋒ some one　㋓ something

(2) He is always speaking ill of (　　　) behind their backs.　〔関東学院大〕

㋐ another　㋑ each other　㋒ others　㋓ one another

(3) I've lost my glasses, so I'm going to buy the new (　　　).

㋐ one　㋑ ones　㋒ it　㋓ other

□ **4** 次の（　）内に入れるのに最も適切なものを，記号で選びなさい。

(1) I have four cards here. One is red and (　　　) are all green.　〔成城大〕

㋐ the other　㋑ the ones　㋒ others　㋓ the others

(2) I have two brothers. One is a fireman and (　　　) is a police officer.　〔神戸学院大〕

㋐ others　㋑ any　㋒ the other　㋓ another

(3) We have three dogs; one is black and (　　　) are white.　〔大阪商業大〕

㋐ the others　㋑ others　㋒ the other　㋓ other

□ **5** 次の上下の文が同じ意味になるように，（　）内に適当な語を書きなさい。

(1) You were careless to leave the bag there.　〔名古屋学院大〕

It was (　　　　　) (　　　　　) you to leave the bag there.

(2) Ken bought this guitar yesterday.

It was (　　　　　) (　　　　　) (　　　　　) Ken bought yesterday.

17 前置詞

解答▸別冊P.16

POINTS 1

▶**前置詞**－前置詞＋名詞〔代名詞〕の語順で前置詞句を作り，形容詞句か副詞句の働きをする。

① **形容詞句**－直前の名詞を修飾する。　The book on the desk is mine.

② **副詞句**－動詞・形容詞・副詞を修飾する。He went to America last night.

▶**前置詞の種類**

① **場所を表す前置詞**－in「～の中に」，on，over，above「～の上に」
under，below「～の下に」，off「～から離れて」，between，among「～の間に」
before「～の前に」，behind「～の後ろに」，after「～のあとに（時間や順序）」
by，beside，near「～の近くに」，at，in「～に」

② **方向を表す前置詞**－to，for，toward「～へ」，into，inside「～の中へ」
out of「～の外に」，along「～に沿って」，through「～を通りぬけて」
across「～を横切って」

③ **時を表す前置詞**－at(時間)，on(曜日，日付，祝祭日，特定の日の午前・午後など)
in(年，月，季節，午前，午後)，by「～までに」，till，until「～まで」
for(不特定の期間)，during(特定の期間，the などがつく)，in「～たてば」
within「～以内に」

Pre-test 1　次の（　）内から最も適切なものを選び，◯で囲みなさい。

(1) I was born (at，in，on) July 5.　　(2) He was born (at，in，on) 1980.

POINTS 2

▶**群前置詞**－２つ以上の語が集まって前置詞の働きをするもの。
according to「～によると」，instead of「～の代わりに」
in spite of「～にもかかわらず」，in case of「～の場合には」など。

According to the newspaper, there was a big fire.	新聞によると，大きな火事があった。
He started **in spite of** the heavy snow.	大雪にもかかわらず，彼は出発した。

▶**二重前置詞**－連続させる用法。あとの前置詞と名詞を１つの名詞と考えればよい。

She appeared **from under** the table.	彼女はテーブルの下から出てきた。
I slept **till before** noon.	私は昼前まで眠った。

▶**動詞・形容詞と結合する前置詞**－at，of，for，to，on，with，from，in，by など。
prefer A to B「B より A を好む」，be similar to「～に似ている」

Pre-test 2　次の（　）内から最も適切なものを選び，◯で囲みなさい。

(1) I study English for the purpose of (go，to go，going) to America.　　purpose 目的

(2) Will you go there instead (of，in，to) me?　　instead 代わりに

Exercises

□ **1** 次の（　）内に入れるのに最も適切なものを，記号で選びなさい。

(1) (　　　) case of emergency, press the button. 〔南山大・改〕

㋐ At　㋑ On　㋒ In　㋓ Of

emergency 非常時

(2) I read this information (　　　) the newspaper. 〔追手門学院大〕

㋐ on　㋑ in　㋒ from　㋓ to

(3) We were playing at the park (　　　) five. 〔日本大・改〕

㋐ by　㋑ for　㋒ since　㋓ until

(4) She was born (　　　) 1945, (　　　) March 10, (　　　) New York. 〔大東文化大・改〕

㋐ in, on, on　㋑ in, on, at　㋒ on, on, on　㋓ in, on, in

(5) The package I mailed didn't arrive (　　　) today. 〔摂南大・改〕

㋐ at　㋑ since　㋒ by　㋓ on

□ **2** 次の（　）内に入れるのに最も適切なものを，記号で選びなさい。

(1) She got married (　　　) a rich man. 〔千葉商科大〕

㋐ for　㋑ of　㋒ to　㋓ within

(2) Tom's idea was similar (　　　) mine. 〔金沢工業大〕

㋐ above　㋑ except　㋒ in　㋓ to

similar よく似た

(3) I prefer staying home (　　　) to the concert. 〔広島工業大〕

㋐ to go　㋑ to going　㋒ than I go　㋓ for my going

(4) The country may have to return (　　　) a slower rate of growth. 〔青山学院大〕

㋐ to　㋑ off　㋒ in　㋓ out of

(5) What are you following me (　　　)? 〔成城大〕

㋐ in　㋑ for　㋒ at　㋓ on

□ **3** 次の（　）内に入れるのに最も適切なものを，記号で選びなさい。

(1) About what time did you (　　　) to the station? 〔千葉商科大〕

㋐ arrive　㋑ gain　㋒ get　㋓ reach

(2) He opened an envelope (　　　) a paper knife. 〔大阪経済大〕

㋐ by　㋑ for　㋒ across　㋓ with

(3) I'll be back (　　　) ten minutes. 〔愛知工業大〕

㋐ at　㋑ after　㋒ before　㋓ in

(4) The coffee shop opens at 7:30 and serves breakfast (　　　) 10 o'clock.

㋐ within　㋑ by　㋒ for　㋓ till

⑱ 接続詞

解答▸別冊P.17

POINTS 1

▶**句と節**－文中において，名詞，形容詞，副詞の働きをする。

句：主語と動詞を含まない２語以上の語群のことで，名詞句・形容詞句・副詞句がある。

節：主語と動詞を含む２語以上の語群のことで，名詞節・形容詞節・副詞節がある。

▶**等位接続詞**－語と語，句と句，節と節を結ぶ接続詞で，対等接続詞とも呼ばれる。

① and「そして」，but「しかし」，or「それとも，すなわち，(命令文のあとで)さもないと」，so「それで」，for「というのは」など。

② both A and B「ＡもＢも両方とも」，either A or B「ＡかＢかどちらか」
neither A nor B「ＡもＢもどちらも～ない」，A as well as B「Ｂと同様にＡも」
not only A but (also) B「ＡだけでなくＢも」，not A but B「ＡでなくＢ」

Pre-test 1 次の（　）内から最も適切なものを選び，○で囲みなさい。

(1) Is that a dog (and, or, but) a cat?

(2) She can speak either English (and, or, but) German.

POINTS 2

▶**従位接続詞（名詞節）**－that，if，whether など（従属接続詞ともいう）

① 接続詞の that：主語，補語，目的語になる節などを導く。

I know ～＋He is over fifty.
→ I know **that** he is over fifty.　彼が50歳を超えているということを，私は知っている。(目的語)

② 疑問詞のない疑問文が目的語となるとき，［if(＝whether)＋主語＋動詞］の語順にする。

I don't know ～＋Is he over fifty?
→ I don't know **if** (＝**whether**) he is over fifty.　彼が50歳を超えているかどうか，私は知らない。

③ 疑問詞のある疑問文が目的語となるとき，［疑問詞＋主語＋動詞］の語順にする。

I don't know ～＋Where does she live?
→ I don't know **where** she lives.　彼女がどこに住んでいるか，私は知らない。

▶**従位接続詞（副詞節）**－時，目的・結果，原因，条件，譲歩などを表す節を導く。

when「～する時」，while「～している時に，～だが」，though (＝although)「～だけれど」
because「～なので」，if「もし～ならば」，as「～する時，～しながら，～なので」，
after「～の後に」，before「～の前に」，as soon as「～するとすぐに」，
until(＝till)「～するまで」，as〔so〕long as「～する限り」など。
The moment「～するとすぐに」, No sooner V＋S ～ than S'＋V' ….「～するとすぐに，…する」

Pre-test 2 次の（　）内から最も適切なものを選び，○で囲みなさい。

(1) I wonder (that, if) it will rain tomorrow.

(2) Until Mother (will come, comes) home, let's wait.

Exercises

□ **1** 次の（ ）内から最も適切なものを選び，○で囲みなさい。

(1) Hurry up, (and, or) you'll be late for school. 〔関東学院大〕

(2) Either you or she (is, are) mistaken. 〔芝浦工業大・改〕

(3) Neither you nor I (am, are) mistaken. 〔獨協大・改〕

(4) They wanted to play golf, (and, but) it was raining, (so, such) they went to the movies instead. 〔金沢工業大〕

(5) The trouble is (that, if) I have no money with me. 問題は～ということだ 〔愛知医科大・改〕

□ **2** 次の（ ）内に入れるのに最も適切なものを，記号で選びなさい。

(1) Well, either Jack or Tim (　　) telling a lie. 〔北海学園大〕

㋐ are　㋑ is　㋒ be　㋓ am

(2) Either the watch is broken (　　) it needs a new battery. 〔城西大〕

㋐ and　㋑ or　㋒ but　㋓ nor

(3) Tom as well as I (　　) ignorant of the matter. 〔愛知工業大〕

㋐ am　㋑ is　㋒ are　㋓ be　ignorant 知らない

(4) The man was smart (　　) unkind. 〔和光大〕

㋐ because　㋑ but　㋒ for　㋓ so

□ **3** 次の（ ）内に入れるのに最も適切なものを，記号で選びなさい。

(1) The (　　) I got home, it began to rain. 〔城西大〕

㋐ moment　㋑ hour　㋒ sooner　㋓ later

(2) (　　) it rains tomorrow, I'll stay home. 〔金沢工業大〕

㋐ After　㋑ Again　㋒ Before　㋓ If

(3) Taking a shower was my biggest problem (　　) I was living in Australia. 〔大阪経済大〕

㋐ after　㋑ while　㋒ during　㋓ therefore

(4) No sooner had the game started (　　) it began to rain. 〔和光大〕

㋐ before　㋑ as　㋒ unless　㋓ than

□ **4** 次の（ ）内に入れるのに最も適切なものを，記号で選びなさい。

(1) You can stay here (　　) you keep quiet. 〔工学院大〕

㋐ so long　㋑ as long as　㋒ now that as　㋓ how much

(2) It is (　　) good a movie that we mustn't miss it. 〔広島工業大〕

㋐ such　㋑ so　㋒ very　㋓ that

19 関係詞 ① 関係代名詞

解答▸別冊P.17

POINTS 1

▶**関係代名詞** − 接続詞と名詞〔代名詞〕の働きを兼ねている語で，形容詞節を導く。

① 先行詞が「人」の場合　who(主格)，whose(所有格)，who〔whom〕(目的格)

② 先行詞が「人」以外の場合　which(主格)，whose(所有格)，which(目的格)

I know **the man**. **He** can speak English well.
→ I know **the man who** can speak English well.

I have **a son**. **His** name is Tadashi.
→ I have **a son whose** name is Tadashi.

She is **the girl**. I met **her** last night.
→ She is **the girl who〔whom〕** I met last night.　目的格の who〔whom〕，which は省略できる。

▶「人以外」の先行詞のときのみ，whose のかわりに of which を用いることができる。

I have a dog **whose** name is Ken.　= I have a dog the name **of which** is Ken.
私はケンという名の犬を飼っている。

Pre-test 1　次の（　）内から最も適切な関係代名詞を選び，○で囲みなさい。

(1) I know the woman (who, whose, which) can ski well.

(2) This is a radio (who, whose, which) I bought last week.

POINTS 2

▶**関係代名詞 that** − 普通は先行詞が「人以外」の場合に用いるが，次の場合は特に that が好まれる。ただし，目的格なら省略できる。

① 先行詞が「人」と「人以外」の両方であるとき。

② 先行詞の名詞に最上級の形容詞や強調する語句がついているとき。(the first, very, every, all, only, last, same など)

③ 先行詞が all, anything, little, nothing などのとき。

④ 直前に疑問詞 who, which があるとき。

▶**前置詞と関係代名詞の位置** − 関係代名詞が前置詞の目的語になるとき，前置詞は関係代名詞の前か関係代名詞が導く節の最後に置く。

Hiroshima is **the city**. I was born **in the city**.
= Hiroshima is the city **in which** I was born.　広島は私が生まれた町です。
= Hiroshima is the city **which** I was born **in**.　(前置詞の位置に注意)

Pre-test 2　次の（　）内から最も適切な関係代名詞を選び，○で囲みなさい。

(1) I know the girl (who, whose, that) hair is short.

(2) She is the tallest woman (who, whose, that) I have ever seen.

Exercises

□ **1** 次の（　）内から最も適切なものを選び，○で囲みなさい。

(1) Tom is the richest man (which, that) I know. 〔九州大・改〕

(2) She is a nurse (whose, who) lives near here. 〔日本文化大・改〕

(3) You are the very man (that, whose) I've been looking for. 〔関西外国語大・改〕

(4) I met a woman (who, whose) I thought was an actress. 〔大垣女子短大・改〕

(5) There are those (that, who) spend longer in this land. 〔佛教大・改〕

□ **2** 次の２文を関係代名詞を用いて１文にしなさい。

(1) That is the college. It was established in 1835. establish 設立する 〔武蔵野女子短大〕

(2) This is the house. He lived in it in his childhood. 〔日本大・改〕

□ **3** 次の英文を日本語にしなさい。

(1) Gravity is the force that pulls things toward the center of the Earth. 〔金沢工業大〕

(2) He is the man who I believe can help you. 〔学習院大・改〕

(3) We tried to calm down the lady whose diamond ring we looked for all over the house.
calm down 落ち着かせる 〔関西学院大〕

□ **4** 次の（　）内に入れるのに最も適切なものを，記号で選びなさい。

(1) Darn! I can't find the bag (　　) I put my wallet. 〔東海大〕
㋐ which　㋑ in which　㋒ whom　㋓ to whom
wallet 財布

(2) Mr. Smith is the very person (　　) we got the information. 〔清泉女子大〕
㋐ that　㋑ who　㋒ from whom　㋓ to that

(3) The coach praised the players (　　) efforts had helped the team win. 〔獨協大〕
㋐ that　㋑ which　㋒ whose　㋓ what

(4) The police measured the speed at (　　) the car was traveling. 〔和光大〕
㋐ that　㋑ where　㋒ which　㋓ what
measure ～を測る

(5) The woman (　　) is his secretary. 〔名城大〕
㋐ to whom he's talking about　㋑ whom he's talking
㋒ to whom he's talking with　㋓ whom he's talking to

20 関係詞 ② 関係代名詞 what・関係副詞・複合関係詞

解答▸別冊P.18

POINTS 1

▶**関係代名詞 what** －先行詞を含む関係代名詞で，「～すること〔もの〕」の意味を表し，主語・目的語・補語になる。

I don't understand **the thing which** you say.　あなたが言うことを私は理解できない。
＝I don't understand **what** you say.

▶**関係代名詞の用法**

① **制限用法（限定用法）** 直前の先行詞を修飾するように訳す。

She has two sons who became teachers.　彼女には先生になった２人の息子がいる。

② **非制限用法（継続用法）** 先行詞の後ろに「，」を入れ，つけ加えるように訳す。

She has two sons, who became teachers.
彼女には２人の息子がいるが，その２人とも先生になった。

Pre-test 1 次の（　）内から最も適切なものを選び，◯で囲みなさい。

(1) That is (which, what, that) I said to her.

(2) Here is a book, (which, whose, that) I bought yesterday.

POINTS 2

▶**関係副詞** －接続詞と副詞の働きを兼ね，where，when，why，how の４種類がある。

先行詞	関係副詞
場所を表す語	where
時を表す語	when
the reason（理由）	why
the way（方法）（ただし省略される）	how

① I know the town **where** he lives.
② 1996 is the year **when** my son was born.
③ I know **why** he didn't come here.
④ This is **how** I go there.
（③，④においては，先行詞か関係副詞のどちらかを省略することが多い）

▶**複合関係詞** －先行詞を含んでいて，さらに any（いかなる）の意味も含んでいる。

whoever＝anyone who（だれでも）（whomever＝anyone whom）
whichever＝any one that（どれでも），either one that（どちらでも）
whatever＝anything that（何でも），whenever＝at anytime that（いつでも）
wherever＝at any place that（どこでも）

(1) Whoever comes here is welcome.　ここに来る人はだれでも歓迎する。
(2) Take whichever you like.　好きなものをどれでも取りなさい。

Pre-test 2 次の（　）内から適切なものを選び，◯で囲みなさい。

(1) I know the place (where, when) she was born.

(2) This is the reason (why, how) I got up early.

Exercises

□ **1** 次の（　）内から適切なものを選び，○で囲みなさい。

(1) New York is the city (which, where) I have wanted to visit. 〔駒澤大・改〕

(2) He helps (whoever, whomever) is in need of help. 〔桃山学院大・改〕

(3) A time will come (when, which) you will understand it. 〔同志社女子大・改〕

(4) My family lived in New York, (who, which) is famous for the Statue of Liberty. 〔東京経済大・改〕

□ **2** 次の上下の文が同じ意味になるように，（　）内に適当な関係詞を１語書きなさい。

(1) This is the reason I came here.
This is (　　　　) I came here.

(2) I saw Tom, and he walked with his girlfriend.
I saw Tom, (　　　　) walked with his girlfriend.

(3) This is the place which I want to live in.
This is the place (　　　　) I want to live.

(4) Give this bag to anyone who wants it.
Give this bag to (　　　　) wants it.

□ **3** 次の（　）内に入れるのに最も適切なものを，記号で選びなさい。

(1) This town has changed a lot. It's not (　　) it used to be. 〔共立女子大〕
㋐ that　㋑ what　㋒ where　㋓ which

(2) I found the city different from (　　) it had been on my earlier visit.
㋐ what　㋑ when　㋒ where　㋓ which 〔近畿大〕

(3) (　　) students need to know is written in the school handbook. 〔札幌大〕
㋐ Which　㋑ When　㋒ Whose　㋓ What

(4) (　　) happens, don't forget to call your parents. 〔清泉女子大・改〕
㋐ Wherever　㋑ Whatever　㋒ However　㋓ Whoever

□ **4** 次の（　）内に入れるのに最も適切なものを，記号で選びなさい。

(1) Paris today is quite different from (　　) it was twenty years ago.
㋐ what　㋑ as　㋒ that　㋓ which 〔東京電機大〕

(2) David said that he had nothing to do with the incident, (　　) is unbelievable.
㋐ it　㋑ this　㋒ what　㋓ which　　incident 出来事 〔日本女子大〕

(3) Most of the early civilizations began in large river basins (　　) people could grow food. 〔芝浦工業大〕
㋐ where　㋑ of which　㋒ what　㋓ that　　civilization 文明　basin 流域

復習問題 ❸ 14～20単元

□ **1** （ ）内に適当な語を入れなさい。

(1) （　　　　　） is interesting to watch the movie.

(2) It is kind （　　　　　） you to invite me to the party.

(3) It was in the park （　　　　　） I saw the little girl.

(4) Take an umbrella. （　　　　　） will be rainy today.

□ **2** （ ）内から適切なものを選び，○で囲みなさい。

(1) Look at the picture (to, with, on) the wall.

(2) We will swim (of, on, in) the sea.

(3) He was born (at, in, on) February 2.

(4) My sister was born (at, in, on) 2000.

(5) They played soccer in spite (of, to, for) heavy rain.

□ **3** （ ）内から適切なものを選び，○で囲みなさい。

(1) Is this hers (and, or, but) yours?

(2) Can you speak either English (and, or, but) Japanese?

(3) I think (that, if) he is in the park.

(4) She plays (not only, not) the piano but also the guitar.

(5) We don't know (what, where) he came from.

□ **4** （ ）内から適切なものを選び，○で囲みなさい。

(1) I know the man (who, whose, which) can swim well.

(2) Is this the best book (whose, whom, that) you have ever read?

(3) Do you know the house (which, whose, that) roof is blue?

(4) A lady (which, whose, whom) I met was a famous singer.

(5) Osaka is the city (of which, in which) I was born.

□ **5** （ ）内から適切なものを選び，○で囲みなさい。

(1) This is (which, what, that) I wanted to learn.

(2) I have a DVD, (which, whose, that) I bought yesterday.

(3) She will sing a song (whomever, whenever) she wants to sing it.

(4) This is (what, why, how) she was late for school.

(5) Just call me. (Whichever, Wherever) you are, I will come to see you.

実戦編

□ **1** 次の（　）内に入れるのに最も適切なものを，記号で選びなさい。

(1) Nobody tried to help me. Then, I had to work by (　　　).
㋐ me　　㋑ oneself　　㋒ myself　　㋓ none

(2) Please give (　　　) to me.
㋐ an advice　　㋑ your advice　　㋒ advices　　㋓ advise

(3) I will place the book (　　　) the table after I have finished reading it.　〔学習院大〕
㋐ aside　　㋑ beside　　㋒ besides　　㋓ side

(4) One person among five children is in Tokyo, and (　　　) are all in Fukuoka.
㋐ another　　㋑ other　　㋒ others　　㋓ the others

(5) (　　　) of them has not arrived at the station yet.　〔大阪経済大〕
㋐ All　　㋑ Both　　㋒ Either　　㋓ Some

(6) A：Would you like anything else?
B：Yes, please give me (　　　) hamburgers.
㋐ another　　㋑ a few　　㋒ other　　㋓ two more

□ **2** 次の（　）内に入れるのに最も適切なものを，記号で選びなさい。

(1) I have known her (　　　).
㋐ for more than 20 years　　㋑ before 20 years or more
㋒ since more 20 years　　㋓ by 20 years or more

(2) Tim ate (　　　) that he fell to sleep.
㋐ very much lunch　　㋑ such big a lunch　　㋒ so big a lunch　　㋓ a big lunch

(3) You are supposed not to drive a car (　　　).
㋐ without put on glasses　　㋑ wearing glasses
㋒ without glasses put on　　㋓ putting on glasses

(4) This ship is for all the people in the city. (　　　) welcome.　〔名古屋工業大・(前)〕
㋐ Who want to come on board is　　㋑ Whoever wants to come on board is
㋒ Whomever wanted to come on board are　　㋓ Whom they want to come on board are

(5) The new building, (　　　) to be completed by 2014, will be located in a large area.　〔関西学院大・改〕
㋐ which is expected　　㋑ as is expected　　㋒ expecting　　㋓ that expects

(6) When I visited a hometown this spring, I have noticed it completely differing from (　　　).
㋐ a time of a hometown being a child　　㋑ a hometown that was as a child
㋒ that a hometown was a child　　㋓ what a hometown was as a child

21 仮定法 ①

解答▸別冊P.20

POINTS 1

▶**仮定法**の基本－**事実に反することを述べる**ときに用いる。

① **仮定法過去**－現在の事実に反する仮定のときに用いる。「もし(今)～ならば」

If＋主語＋動詞の過去形 ～，主語＋助動詞の過去形＋動詞の原形 ―.

If I **were**〔was〕 a bird, I **could** fly to you.　もし私が鳥ならば，あなたのところに飛んで行けるのに。

② **仮定法過去完了**－過去の事実に反する仮定のときに用いる。「もし(あのとき)～だったならば」

If＋主語＋過去完了形(had＋過去分詞)～，主語＋助動詞の過去形＋have＋過去分詞 ―.

If I **had been** a bird, I **could have flown** to you.
もし私が鳥だったならば，あなたのところに飛んで行けたのに。

Pre-test 1　次の（　）内から適切なものを選び，○で囲みなさい。

(1) If I (knew,　had known) her address, I could write to her.

(2) If I (were,　had been) there, I could have helped you.

POINTS 2

▶**should，were to**－**可能性がほとんどない未来のこと**に用いる。「万一～なら，仮に～したら」

If＋主語＋should＋動詞の原形 ～，主語＋助動詞の過去形〔現在形〕＋動詞の原形 ―.

If it **should** rain tomorrow, we **would**〔will〕 play indoors.　もし万一明日雨だったら，屋内で遊ぼう。

さらに可能性が低ければ should のかわりに were to を，主節には助動詞の過去形を用いる。

If it **were**〔**was**〕 **to** rain tomorrow, we **would** play indoors.

▶可能性が十分あるときは，仮定法は用いない。(直説法現在・条件文の副詞節)

If it **rains** tomorrow, we **will** play indoors.　もし明日雨だったら，屋内で遊ぼう。

▶**仮定法現在**－［It is＋勧告・要求・願望を表す形容詞＋that 節］や，提案・要求・命令を表す動詞（ask，demand，insist，order，recommend，suggest など）の目的語としての that 節の中では動詞の原形を用いる。イギリス英語では，［should＋動詞の原形］を用いる。

It is **necessary** that he (should) **go** there at once.　彼はすぐそこに行く必要がある。
He **suggested** that the party (should) be put off.　彼はパーティーを延期してはどうかと提案した。

▶**願望を表す仮定**－現在(過去)の事実に反する願望。

I wish＋仮定法過去(仮定法過去完了)～「～ならいいのに(～だったらよかったのに)」

I wish it **were**(**had been**) fine today (yesterday).　今日天気ならいいのに。(昨日天気だったらよかったのに。)
＝I am sorry it isn't(wasn't) fine today (yesterday).　今日(昨日)晴れでない(なかった)のが残念です。

Pre-test 2　次の（　）内から適切なものを選び，○で囲みなさい。

(1) If he (come,　comes) here tomorrow, you will see him.

(2) I wish I (stayed,　had stayed) there yesterday.

Exercises

□ **1** 次の（ ）内に入れるのに最も適切なものを，記号で選びなさい。

(1) It is essential that every child (　　) breakfast. 〔愛知学院大・改〕

㋐ has had　㋑ have　㋒ to have

essential 当然の

(2) If you had slept enough, you (　　) so sleepy now. 〔高崎経済大(前)〕

㋐ will not be　㋑ would not be　㋒ would not have been

(3) If I were (　　) go abroad, I would go to France. 〔立正大・改〕

㋐ in　㋑ on　㋒ to

(4) If you (　　) haste, you will be in time. 〔大阪国際女子大〕

㋐ make　㋑ made　㋒ had made

in time 間に合って

□ **2** 次の（ ）内に入れるのに最も適切なものを，記号で選びなさい。

(1) If you (　　) have any other questions, please do not hesitate to contact us.

㋐ should　㋑ will　㋒ could　㋓ must 〔学習院女子大〕

(2) As he is ill, he will not come.

If he were not ill, he (　　) come. 〔工学院大〕

㋐ may　㋑ might　㋒ will　㋓ would

(3) You (　　) play the piano really, if you practiced more. 〔和光大〕

㋐ could　㋑ can　㋒ won't　㋓ are to

(4) I could have gotten much more for the painting if I (　　) it overseas. 〔慶應義塾大〕

㋐ had sold　㋑ would sell　㋒ have sold　㋓ sold

(5) If you had helped me at that time, I (　　) succeeded. 〔関東学院大〕

㋐ should　㋑ should be　㋒ shall have　㋓ should have

□ **3** 次の（ ）内に入れるのに最も適切なものを，記号で選びなさい。

(1) I suggested that she (　　) the art museum after lunch. 〔駒澤大〕

㋐ is visiting　㋑ will visit　㋒ will have visited　㋓ visit

(2) It is necessary that you should have a great rest. 〔亜細亜大〕

It is necessary for you (　　) a great rest.

㋐ and have　㋑ have　㋒ to have　㋓ having

(3) The president proposed that the plan (　　) into practice at once. 〔関西学院大〕

㋐ was put　㋑ had been put　㋒ will be put　㋓ be put

(4) I wish I (　　) rich at that time. 〔東北学院大〕

㋐ had been　㋑ have been　㋒ were　㋓ would be

(5) I (　　) I could stay here a little longer. 〔大阪経済大〕

㋐ wish　㋑ want　㋒ hope　㋓ am afraid

22 仮定法 ②

解答▸別冊P.21

POINTS 1

▶ **as if＋仮定法過去（過去完了）**「まるで～である(あった)かのように」

He talks as if he **knew**（**had known**）everything about it.

彼はそのことについてすべてを知っている(知っていた)かのように話す。

▶ **It is（high または about）time（that)＋仮定法過去**「もう～してもいいころだ」

It is time **you went** to bed.　もう寝てもいいころだ。

＝It is time **for you to go** to bed.

▶ **If only＋仮定法過去（過去完了）－現在(過去)の事実に強く反する願望**「～さえすれば〔していたら〕いいのになあ」

If only I **could** swim well.　じょうずに泳ぐことができさえすればいいのになあ。

Pre-test 1　次の（　）内から適切なものを選び，○で囲みなさい。

(1) She talks as if she（is,　were）a rich woman.

(2) It is high time you（get,　got）up.

POINTS 2

▶If の省略－If を省略し，主語の前に be 動詞，助動詞，過去完了(had＋過去分詞)の had を出す。

If I **were** a bird, I could fly to you.

→ **Were** I a bird, I could fly to you.

If I **had been** a bird, I could have flown to you.

→ **Had I been** a bird, I could have flown to you.

▶**If it were not for ～**
If it had not been for ～ ── But for ～〔Without ～〕「もし～がなければ(なかったら)」

If it had not been for your kindness, I would have lost all hope.

→ **But for**〔Without〕your kindness, I would have lost all hope.

▶**With ～**「もし～があれば(あったならば)」

If he had made more effort, he would have been rich.

→ **With** more effort, he would have been rich.

▶**If ～ not=Unless ～**「～でない限り，もし～でなければ」

If you **don't** get up early, you will not catch the bus.

→ **Unless** you get up early, you will not catch the bus.

Pre-test 2　次の（　）内から適切なものを選び，○で囲みなさい。

(1)（With,　Without）his idleness, he would have succeeded.　　idleness 怠惰

(2)（If,　Unless）you get up early, you will catch the train.

Exercises

□ **1** 次の（　）内に入れるのに最も適切なものを，記号で選びなさい。

(1) I do not know how I would relieve my stress, (　　　) for music. 〔近畿大〕

㋐ other than　㋑ unless　㋒ were it not　㋓ without

(2) (　　　) you have any questions, please call our office. 〔清泉女子大・改〕

㋐ As if　㋑ Otherwise　㋒ Should　㋓ Without

(3) Mr. Ginsberg speaks as if he (　　　) the project manager. 〔国士舘大〕

㋐ be　㋑ are　㋒ were　㋓ being

(4) Get up. It is high time you (　　　) to school. 〔慶應義塾大・改〕

㋐ will go　㋑ go　㋒ goes　㋓ went

□ **2** 次の上下の文が同じ意味になるように，（　）内に適当な語を書きなさい。

(1) It is time for you to get up. 〔松陰女子短大・改〕

It is time you (　　　　　　　) up.

(2) Make one more effort, and you will finish it. 〔大阪女子短大・改〕

(　　　　　　　) one more effort, you would finish it.

(3) He got the first prize because of her help. 〔中京大〕

If it had not (　　　　　　　) for her help, he would have missed the first prize.

(4) You won't catch the train if you don't hurry. 〔立教大・改〕

You won't catch the train (　　　　　　　) you hurry.

□ **3** 次の（　）内に入れるのに最も適切なものを，記号で選びなさい。

(1) She talked as if she (　　　) me, openly and easily. 〔近畿大〕

㋐ always knows　㋑ had always known

㋒ has always known　㋓ would always have known

(2) It is high time the children (　　　) to bed. 〔関西学院大〕

㋐ to go　㋑ went　㋒ going　㋓ gone

(3) It's about time he (　　　) abroad to study. 〔福岡大〕

㋐ has gone　㋑ went　㋒ will go　㋓ is going

(4) But for my daughter's sudden illness, we (　　　) the trip to London last week. 〔日本女子大〕

㋐ could have taken　㋑ could take　㋒ had been taking　㋓ had taken

(5) I don't deny that your information was invaluable. (　　　) it, I could never have formed our plan. 〔青山学院大〕

㋐ Far from　㋑ In spite of　㋒ With　㋓ Without

deny 否定する　invaluable 計り知れないほど貴重な　form まとめる

23 分詞構文 ①

解答▸別冊P.22

POINTS 1

▶**分詞構文**とは－節（接続詞＋主語＋動詞）を，現在分詞や過去分詞を用いて副詞句に変える構文で，**時・理由・条件・譲歩・付帯状況**（～しながら，～して…）などを表す。

When I saw him, I was walking along the street.
従属節（副詞節）　主節

↓　　私が彼を見たとき，私は通りを歩いていました。

Seeing him, I was walking along the street.　（seeing は see の現在分詞）
分詞構文

▶**分詞構文の作りかた**

① 接続詞を消す。

② 主節と従属節の主語が同じなら，従属節の主語を消す。

③ 主節と従属節の動詞の時制が同じなら，従属節の動詞を「現在分詞」にする。

Because I studied hard, I passed the examination.
接続詞 S' V' S V

一生懸命に勉強したので，私は試験に合格した。

Studying hard, I passed the examination.
現在分詞

He sat on the chair reading a book.　彼はいすにすわって本を読んでいた。
付帯状況

Pre-test 1　次の（　）内から適切なものを選び，○で囲みなさい。

(1)（Walking, Walked）along the street, I found the man.

(2)（Swum, Swimming）in the pool, he met the lady.

POINTS 2

▶**独立分詞構文の作りかた**－主節と従属節の主語が違う（上述の②が異なる）ときに用いる。

① 接続詞を消す。

② 主節と従属節の主語が違うので，従属節の主語はそのまま残す。

③ 主節と従属節の動詞の時制が同じなら，従属節の動詞を「現在分詞」にする。

As it was Sunday, I didn't go to school.　日曜日だったので，私は学校に行かなかった。
接続詞 S' V' S V

It being Sunday, I didn't go to school.
主語が違うので残す

Pre-test 2　次の（　）内から適切なものを選び，○で囲みなさい。

(1) It（being, been）fine, we'll go out.

(2) Night（comes, coming）on, she went indoors.

Exercises

□ **1** 次の文を分詞構文に書きかえなさい。

(1) When he entered the room, he was amazed to see how spacious it was. 〔清泉女子大〕
( ) the room, he was amazed to see how spacious it was.

(2) As soon as he left school, he went into business. 〔広島文教女子大・改〕
( ) ( ), he went into business.

(3) Since he knew the language, he could get work. 〔鶴見大・改〕
( ) ( ) ( ), he could get work.

(4) As she read a thriller in bed, she couldn't sleep easily. 〔東邦大・改〕
( ) ( ) ( ) in bed, she couldn't sleep easily.

(5) As it was late, we decided to visit our friends. 〔福岡大・改〕
( ) ( ) ( ), we decided to visit our friends.

(6) They were sitting in the boat with their feet dangling in the water. 〔立命館大・改〕
They were sitting in the boat, ( ) ( ) ( ) in the water.

dangle ぶらさげる

□ **2** 次の英文を日本語にしなさい。

(1) Being at the beach last summer, we went swimming every day. 〔摂南大・改〕

----

(2) Ignoring my warnings, he dived straight into the water. 〔慶應義塾大・改〕

----

ignore 無視する

□ **3** 次の（ ）内に入れるのに最も適切なものを，下から記号で選びなさい。

(1) ( ) the train would be delayed, he took a taxi. 〔桃山学院大〕
㋐ Seeing ㋑ To see ㋒ Seen ㋓ See

be delayed 遅れる

(2) ( ) poor, she could not afford to buy a car. 〔金沢工業大〕
㋐ Because ㋑ Being ㋒ Is ㋓ Was ㋔ Which

afford ～する余裕がある

(3) As soon as he left school, he went into business. 〔工学院大〕
On ( ) school, he went into business.
㋐ leave ㋑ to leave ㋒ leaving ㋓ being left

(4) After ( ) from high school, I plan to attend university. 〔杏林大〕
㋐ graduate ㋑ graduating ㋒ have graduated ㋓ graduated

attend 通う graduate 卒業する

24 分詞構文 ②

解答▸別冊P.23

POINTS 1

▶**完了分詞**（having＋過去分詞）を用いる場合－従属節の動詞の時制が主節の動詞の時制より「以前のとき」に用いる。

As I finished my homework, I am watching TV now.
（finished：過去形　am watching：現在形）

宿題を終えたので，私は今テレビを見ています。

→ **Having finished** my homework, I am watching TV now.

▶**過去分詞のみを用いる場合**－従属節の動詞が受動態の場合

being＋過去分詞や having been＋過去分詞の being や having been は省略できる。

As the book **is written** in English, it cannot be understood by me.

その本は英語で書かれているので，私には理解できない。

→ **Being written** in English, the book cannot be understood by me.

→ **Written** in English, the book cannot be understood by me.（この形を用いるのが普通）

Pre-test 1 次の文を分詞構文に書きかえなさい。

(1) As I had a headache yesterday, I am absent from school today.　headache 頭痛

(　　　　　　) (　　　　　　) a headache yesterday, I am absent from school today.

(2) As she was born in Canada, she learned both English and French.

(　　　　　　) (　　　　　　) Canada, she learned both English and French.

POINTS 2

▶**否定の分詞構文**の作りかた－ not や never を分詞の前に置く。

Though I was not sick, I was absent from school.

病気ではなかったが，私は学校を休んだ。

→ **Not** being sick, I was absent from school.

▶**慣用的独立分詞構文**－従属節の主語が we，they など一般の人を表すときに慣用的に省略する。

generally speaking「一般的に言えば」　judging from ～「～から判断すると」

frankly speaking「率直に言えば」　speaking〔talking〕of ～「～と言えば」

strictly speaking「厳密に言えば」　granting that ～「仮に～だとしても」

Strictly speaking, you are wrong.　厳密に言えば，君は間違っている。

Pre-test 2 次の文を分詞構文に書きかえなさい。

Though I did not receive her letter, I wrote to her again.

(　　　　　　) (　　　　　　) her letter, I wrote to her again.

Exercises

□ **1** 次の文を分詞構文に書きかえなさい。

(1) As she was not well, she stayed home.
(　　　　　)(　　　　　) well, she stayed home.

(2) I didn't know John's address, so I couldn't contact him. 〔駒澤大・改〕
(　　　　　)(　　　　　) John's address, I couldn't contact him.

(3) If all things are considered, he seems to be a wise man. 〔奈良産業大・改〕
(　　　　　)(　　　　　)(　　　　　), he seems to be a wise man.

□ **2** 次の（　）内に入れるのに最も適切なものを，記号で選びなさい。

(1) Generally (　　　), we had mild climate last year. climate 気候 〔千葉商業大・改〕
㋐ spoken　㋑ saying　㋒ speaking　㋓ talking

(2) (　　　) the terrible weather, I expected quite a few students to be late. 〔南山大〕
㋐ Given　㋑ According to　㋒ Considered　㋓ Suggested by

(3) (　　　) what to do, I asked her for help. 〔慶應義塾大・改〕
㋐ Knowing not　㋑ Not to know　㋒ To know not　㋓ Not knowing

□ **3** 次の（　）内に入れるのに最も適切なものを，記号で選びなさい。

(1) (　　　) from the state of his clothes, he slept in them last night. 〔中央大〕
㋐ Judging　㋑ Judged　㋒ Having judged　㋓ To judge

(2) All things (　　　), we can say Mary is an excellent nurse. 〔日本女子大〕
㋐ consider　㋑ considered　㋒ considering　㋓ to consider

(3) (　　　) with last year, statistics show a 15% reduction in burglary in this area.
statistics 統計　reduction 減少　burglary 強盗 〔学習院大〕
㋐ Comparing　㋑ Compared　㋒ Having compared　㋓ Compare

(4) (　　　) efficiently, one liter of gasoline will move this car at least 20 kilometers.
efficiently 効果的に 〔青山学院大〕
㋐ Having used　㋑ Having been used　㋒ Used　㋓ Using

(5) (　　　), I outlined the situation to my lawyer. 〔東北学院大〕
㋐ Having no much time　㋑ Not enough time to have　lawyer 弁護士
㋒ Not having much time　㋓ To not have much time

(6) (　　　), the cars look like small matchboxes. 〔名城大〕
㋐ Seeing from here　㋑ Seen from here
㋒ Having seen from here　㋓ To see from here

25 会話文 ①

解答▸別冊P.24

□ **1** 次の会話の（ ）に入れるのに最も適切なものを，記号で選びなさい。

(1) A：May I ask a favor of you? 〔山梨大〕
B：(　　　)
㋐ It must be true.　㋑ Don't be so stupid.
㋒ Business is business.　㋓ Yes. What can I do for you?

(2) A：Excuse me. (　　　) 〔立命館大〕
B：Sure, but I need to use it later.
㋐ Can I call you later?　㋑ Can we meet for lunch today?
㋒ Can I borrow your eraser for a moment?　㋓ Can I throw this bottle away?

(3) A：(　　　) 〔広島経済大〕
B：Yes, there is one on the next corner.
㋐ Do you know where a bank is?　㋑ Do you know what a bank is?
㋒ Do you know how the bank is?　㋓ Do you know who a bank is?

(4) A：Where should I pick up the tickets? 〔学習院大〕
B：(　　　)
pick up 手に入れる
㋐ We'll choose them for you.　㋑ We'll send them to you.
㋒ You should deliver them.　㋓ You dropped the tickets over there.

(5) A：How about playing golf tomorrow? 〔東京電機大〕
B：(　　　) I can hardly wait!
㋐ How come?　㋑ Great!
㋒ Let me see.　㋓ I don't think so.

(6) A：He asked me (　　　). 〔共立女子大〕
B：My sister? I wonder why he wants to know.
㋐ how old is your sister　㋑ how old your sister is
㋒ is your sister how old　㋓ your sister is how old

(7) A：What is the admission fee? 〔駒澤大〕
B：(　　　)
㋐ I like it very much.　㋑ I must be on my way.
㋒ I'd rather not.　㋓ I'm not sure.

(8) A：Someone said that Bob quit last week. 〔神奈川大〕

B：(　　)

A：The tall one, the Canadian who was working on the 7th floor.

㋐ What does Bob do? ㋑ Which Bob do you mean?

㋒ Who does Bob look like? ㋓ Where did he go?

(9) A：Have you seen the new movie, "Clowning"? 〔大東文化大〕

B：Not yet, but I want to. What's it like?

A：It's the funniest movie (　　).

㋐ I ever see ㋑ I never see ㋒ I never saw ㋓ I've ever seen

(10) A：Excuse me. I didn't catch what you said. 〔玉川大〕

B：(　　)

A：Yes, please, if it isn't any trouble for you.

㋐ I said, "Could you help me?" ㋑ I asked if you wanted me to help you.

㋒ I said, "This looks like trouble." ㋓ I said that help is on the way.

(11) A：Are you ready to leave? 〔大阪学院大〕

B：Almost − as soon as I find my keys.

A：(　　) Have you checked your coat pocket? They might be there.

㋐ Here you are. ㋑ You can't miss it. ㋒ Talk to you again. ㋓ Not again!

(12) A：Don't forget to take out the garbage tomorrow morning. 〔立命館大〕

B：(　　)

A：No. I did it last week.

㋐ Did I forget again? ㋑ Isn't tomorrow a weekday?

㋒ Didn't you do it last week? ㋓ Isn't it your turn this week?

(13) (On the phone) 〔獨協大〕

A：Hi, Jane, this is Suzy. Are you free for lunch today?

B：But Suzy, you usually meet Bob for lunch.

A：I know, but today (　　)

㋐ I'm leaving on a morning flight. ㋑ he's having lunch with you.

㋒ the lunch is not free. ㋓ he's out of town on business.

(14) A：Excuse me. (　　) 〔神奈川大〕

B：No, it's an express. It's marked on the schedule in red.

A：OK, thanks.

㋐ Do you know if this train stops at every station?

㋑ Do you happen to know where this train stops?

㋒ Could you let me know where the train stops?

㋓ Can you tell me your stop?

26 会話文 ②

解答▸別冊P.26

□ **1** 次の会話の（ ）に入れるのに最も適切なものを，記号で選びなさい。

(1) A：Hi, John. Come and sit down. 〔高千穂大〕
B：Thank you.（　　　）
A：No, I don't. But my wife doesn't like it.
B：Oh, I see. I won't smoke tonight then.
㋐ Do you know these cigarettes? ㋑ Do you have any matches?
㋒ Do you smoke cigarettes? ㋓ Do you mind if I smoke?

(2) A：Are you going to Misako's birthday party? 〔芝浦工業大〕
B：Yes, how about you?
A：（　　　）I have to stay at home to take care of my little brother.
B：Oh, that's a shame.
㋐ Why not? ㋑ I hope not.
㋒ I wish I could. ㋓ I expect so.

(3) A：There have been so many train delays recently. 〔神奈川大〕
B：I know.（　　　）
A：Maybe I should just drive my car.
B：Yeah, but think about the price of gas!
㋐ You shouldn't take the bus so often. ㋑ I no longer use the same map.
㋒ I left early to get here on time. ㋓ It's much easier to get there now.

(4) A：I'm going to the store. Do you need anything? 〔久留米大〕
B：Can you buy some toothpaste for me?
A：（　　　）
B：Oh, it doesn't matter. Just get the largest they have.
㋐ Shall I go for you? ㋑ Where is it?
㋒ What kind do you want? ㋓ Why do you want it?

(5) (At the driving school) 〔獨協大〕
A：Why are you learning to drive?
B：We need someone to drive my aged mother around. aged = old
A：（　　　）
B：She's ninety-eight next month.
㋐ Does she run to town often? ㋑ How old is your mother, may I ask?
㋒ I don't want to talk about that. ㋓ Don't send her to our driving school.

□ **2** 次の会話の（　）に入れるのに最も適切なものを，記号で選びなさい。

(1) A：It's getting a little cold in here, don't you think? 〔東海大〕

B：（　Ⓐ　）

A：Thanks.

B：（　Ⓑ　）

Ⓐ　㋐ I'm sorry. How cold are you?　　㋑ Shall I close the window?

㋒ That's too bad.　　㋓ Yes. I think so.

Ⓑ　㋐ Not at all.　　㋑ Sorry.　　㋒ Thank you.　　㋓ I am happy.

(2) A：Could I have your name, please? 〔東海大〕

B：（　Ⓐ　）

A：Is that your first name?

B：（　Ⓑ　）

Ⓐ　㋐ Yes, certainly. Of course.　　㋑ It's Suzuki.

㋒ No, I'm Suzuki.　　㋓ Can you say Suzuki?

Ⓑ　㋐ Yes, that's my first name.　　㋑ No, that's my family name.

㋒ Yes, I'm Suzuki.　　㋓ No, I'm Taro.

(3) A：Where is Lucy? 〔東海大〕

B：Oh. She is sick in hospital.

A：（　Ⓐ　）

B：I'm not sure.

A：（　Ⓑ　）

Ⓐ　㋐ Oh. She's fine.　　㋑ Oh. What's the matter?

㋒ I have an aunt.　　㋓ I was sick in hospital.

Ⓑ　㋐ I hope you'll get better soon.　　㋑ No. I think she is sick.

㋒ I don't know.　　㋓ Well, I hope everything is OK.

□ **3** 次の旅行代理店での会話の（　）に入れるのに最も適切なものを，記号で選びなさい。

〔立命館大・改〕

Clerk　　：Good morning.（　Ⓐ　）

Customer　：Hi. I'm looking for a cheap flight to Boston this afternoon.

Clerk　　：（　Ⓑ　）Boston Airport's closed because of the snow storm.

Customer　：Oh no! I'm supposed to be a wedding tomorrow in Boston.

Clerk　　：Why don't you go by train?（　Ⓒ　）You could be there by ten this evening.

Customer　：（　Ⓓ　）

Clerk　　：Sure.

㋐ I'm afraid that's out of the question.　　㋑ What can I do for you?

㋒ Can you book a seat for me?　　㋓ There's an express at four.

27 会話文 ③

解答‣別冊P.27

□ **1** 次の問いに対する正しい形の答えを選び，記号を○で囲みなさい。 〔姫路獨協大〕

(1) Would you like chicken or beef?
㋐ Thank you very much. ㋑ I'd like to eat it. ㋒ I'm sorry I can't.
㋓ I'd like beef, please. ㋔ Yes, I would.

(2) You haven't been to Okinawa, have you?
㋐ No, I have. Twice. ㋑ No, I went to Okinawa two years ago.
㋒ Yes, I haven't. It's a nice place. ㋓ Yes, I do have the experience.
㋔ Yes, I haven't. But I'd like to go there.

(3) Could you tell me the way to the City Hall?
㋐ No, you can't do that. ㋑ Sorry, but I am a stranger here.
㋒ Sure. I'm glad to hear that. ㋓ Yes, I came from the city.
㋔ Yes, it's none of your business.

□ **2** 次の英文に対する受け答えとして最も適切なものを，右から記号で選びなさい。ただし，同じ記号を２回以上用いることはできません。 〔国士舘大〕

(1) Do you think we can catch the train? (　　) ㋐ Not really.
(2) May I ask who's speaking? (　　) ㋑ Yes, if it's not too much trouble.
(3) Shall I show you how to use it? (　　) ㋒ This is Peter Gates.
(4) Can you hear me in the back? (　　) ㋓ No, go ahead.
(5) Is this seat taken? (　　) ㋔ Who knows?

□ **3** 次のA，B，C，Dの各文を２人の会話としてまとまるように並べかえるとき，最も適切なものを選び，記号を○で囲みなさい。 〔北海学園大〕

(1) A．Anyway, I'm glad that you're here. B．I missed the bus.
C．I'm sorry that I'm so late. D．That's OK. What happened?
㋐ B－C－D－A ㋑ D－C－B－A ㋒ C－A－D－B ㋓ C－D－B－A

(2) A．Aren't you going to school today? B．Classes begin late today.
C．Then why are you still here? D．Yes, of course I am.
㋐ B－C－A－D ㋑ D－C－B－A ㋒ A－D－C－B ㋓ A－B－C－D

(3) A．Excuse me, professor, but is that question number eleven?
B．No, it's number twelve.
C．Oh, OK. The answer is London.
D．Tomoko, could you tell me the answer to the next question, please?
㋐ D－C－A－B ㋑ D－A－B－C ㋒ A－B－D－C ㋓ A－C－B－D

□ **4** 次の各対話文が，与えられた文で始まり，与えられた文で終わるように，㋐〜㋓を並べかえて（　）内に入れなさい。 〔東京経済大〕

(1) A：I'd like to make an appointment to see Mr. Jones.
B：(　　　)
A：(　　　)
B：(　　　)
A：(　　　)
B：Well, he can see you at ten. (　　→　　→　　→　　)
㋐ Is he free any time tomorrow?
㋑ All right. When would you like to see him?
㋒ I'm busy all day Wednesday. Thursday would be better for me.
㋓ No, Mr. Jones will be at a meeting all day tomorrow. How about Wednesday?

(2) A：I'm sorry I was late. Have you been here long?
B：(　　　)
A：(　　　)
B：(　　　)
A：(　　　)
B：I can't wait to see it. (　　→　　→　　→　　)
㋐ I've heard about it so many times.
㋑ No, just a few minutes. Don't worry. Let's go and see the movie.
㋒ Yes. It isn't new, but it's still popular.
㋓ The one you were talking about?

□ **5** 次の（　）内に入れるのに最も適切な表現を，それぞれ下から記号で選びなさい。

A couple is discussing what to eat. 〔武庫川女子大・改〕

Steve：What do you want for dinner tonight?
Julia：Hmm. I don't know. Not Thai food again.
Steve：(　①　). We've already had it three times this week. Any other ideas?
① ㋐ I agree　㋑ It's agreeable　㋒ We won't agree　㋓ You can't agree
Julia：Well, it's hot today, so I don't want anything really heavy.
Steve：(　②　). But I don't want to eat salad, since we had that for lunch.
② ㋐ Me neither　㋑ Me too　㋒ Neither of you do　㋓ So do I
Julia：That's true. What about that barbecued salmon you made for my parents?
Steve：(　③　) Italian herb sauce?
③ ㋐ One had　㋑ One of which had　㋒ The one with　㋓ There's one with
Julia：Yeah, that one! It was great. Everyone loves that dish.
Steve：Well, (　④　), but we do have the rest of the ingredients.
④ ㋐ salmon is in season　㋑ salmon is too expensive
㋒ there is a lot of salmon　㋓ we don't have any salmon
Julia：I'll go to the store if you start the grill.

復習問題 ❹　21～27単元

□ **1** 次の（　）内から適切なものを選び，◯で囲みなさい。

(1) If it (will, should) snow tomorrow, we would go skiing.

(2) If he had called me, I (will, would) have gone to the concert.

(3) I wish you (will, could) stay a little longer. 〔目白大〕

□ **2** 次の（　）内から適切なものを選び，◯で囲みなさい。

(1) They talk as if he (is, were) a famous singer.

(2) It is high time you (get, got) ready for the camping.

(3) (With, Without) your advice, he wouldn't have finished it.

□ **3** 次の英文を日本語にしなさい。

(1) The road being crowded, we arrived there very late.

(2) The letter being written in English, it is fun for me to read.

(3) Being at the sea, we went fishing every day.

□ **4** 次の文を分詞構文に書きかえなさい。

(1) If everything is considered, Jane did a good job. 〔共立女子大・改〕

→ Everything (　　　　　), Jane did a good job.

(2) After I had walked around the lake, I rowed the boat.

→ (　　　　) (　　　　) around the lake, I rowed the boat.

□ **5** 次の（　）内に入れるのに最も適切なものを，記号で選びなさい。

(1) Judging (　　) the weather, it will be cloudy tomorrow.

㋐ of　　㋑ with　　㋒ from

(2) Strictly (　　), they are not the same kind.

㋐ speaking　　㋑ spoken　　㋒ saying

(3) Generally (　　), we have much rain in July.

㋐ talked　　㋑ speaking　　㋒ on talking

実戦編

□ **1** 次の（　）内に入れるのに最も適切なものを，記号で選びなさい。

(1) We could have brought a road map if we (　　　) of it. 〔和光大〕

㋐ think　㋑ thought　㋒ have thought　㋓ had thought

(2) If you had followed your parents' advice, this problem never (　　　). 〔杏林大〕

㋐ would happen　㋑ happens　㋒ would have happened

㋓ would have been happened

(3) He would have helped me if he (　　　) about my trouble at that time. 〔実践女子大〕

㋐ had known　㋑ has known　㋒ knew　㋓ knows

(4) If (　　　) my parents' kindness, I would not be the person I am today. 〔獨協大〕

㋐ we would have no　㋑ we were not for

㋒ it had not been for　㋓ it had been no

(5) It's time that you (　　　) leaving. 〔四天王寺国際仏教大〕

㋐ are　㋑ were　㋒ to　㋓ for

(6) If I (　　　) going to give him a present, I would tell you in advance. 〔山梨大〕

㋐ am　㋑ is　㋒ be　㋓ were

□ **2** 次の（　）内に入れるのに最も適切な語を下から記号で選びなさい。

(1) (　　　) repeatedly in 1940 and 1941, the city of London lost many of its famous churches. repeatedly = often 〔杏林大〕

㋐ Bomb　㋑ To bomb　㋒ Bombed　㋓ Bombing

(2) (　　　) how to write a paper, John sought advice from the teacher.

㋐ Be not knowing　㋑ Not knowing　㋒ Not known　㋓ Unknown

□ **3** 次の会話の（　）に入れるのに最も適切なものを，記号で選びなさい。

(1) A : (　　　) 〔広島経済大〕

B : In an hour.

㋐ What's the time?　㋑ How much time do we have?

㋒ Where shall we eat lunch?　㋓ When shall we eat lunch?

(2) A : Thanks for the party. I'd better be going now. 〔玉川大〕

B : So soon? (　　　)

A : I'd love to, but I have to get up early tomorrow.

㋐ Please don't go yet.　㋑ It's not that late, is it?

㋒ Why don't you stay a little longer?　㋓ Do you really have to go?

(3) A : Do you mind if I call you the first thing Monday morning? 〔名古屋学院大〕

B : (　　　)

㋐ I hope so.　㋑ I hope not.　㋒ No, not at all.　㋓ No, I do.

装丁デザイン　ブックデザイン研究所
本文デザイン　未来舎

本書に関する最新情報は，小社ホームページにある**本書の「サポート情報」**をご覧ください。(開設していない場合もございます。)
なお，この本の内容についての責任は小社にあり，内容に関するご質問は直接小社におよせください。

高校 トレーニングノートα 英文法

編著者　高校教育研究会
発行者　岡本泰治
印刷所　ユニックス

発行所　受験研究社

〒550-0013 大阪市西区新町2丁目19番15号
注文・不良品などについて：(06)6532-1581(代表)／本の内容について：(06)6532-1586(編集)

Printed in Japan　高廣製本
落丁・乱丁本はお取り替えします。

ひっぱると，はずして使えます。

Training Note
トレーニングノートα

英文法

解答・解説

高校 トレーニングノートα

解答・解説

英文法

① 文の要素と５文型 (pp.2〜3)

アドバイス

▶ S(主語)は Subject, V(動詞)は Verb の略。
O(目的語)は Object, C(補語)は Complement の略。
M(修飾語)は Modifier の略。

▶ 第４文型の V(動詞)は「〜に…を−する」授与動詞なので２つの O(目的語)をとる。IO(間接目的語) Indirect Object と DO(直接目的語) Direct Object。
◇「〜に…を−する」授与動詞には bring, give, lend, send, show, teach などがある。

▶ 第５文型の V(動詞)は「〜を…と−する」不完全他動詞なので, O(目的語)と C(補語)をとる。
◇「〜を…と−する」不完全他動詞には believe, call, feel, keep, name, think などがある。

Pre-test 解答・解説 P.2

1. (1)主語, 述語動詞 (2)主語, 述語動詞
(3)目的語, 修飾語 (4)主語, 補語

解説 (1)主語は Your bag。述部の中心の語, 動詞は is。
(2)主語(S)は The moon, 動詞(V)は moves になる。
(3) a letter は動詞(V) wrote の目的語(O)。from Hawaii「ハワイから」は修飾語(M)。
(4) happy「うれしい」は, 主語(S) The lady「女性」を補足説明する補語(C)。

2. (1) I＝S gave＝V him＝IO
some candies＝DO
(2) She＝S opened＝V the door＝O
slowly＝M
(3) They＝S called＝V the dog＝O
Pochi＝C
(4) Our school＝S begins＝V at 8:30＝M

解説 英文は［S＋V〜］で構成されている。
(1) gave は「〜に…を与えた」という授与動詞(V)なので, him(IO)と some candies(DO)の２つの目的語(O)をとる。
(2) opened は動詞(V), the door は目的語(O), slowly は動詞の修飾語(M)。
(3) called は「〜を…と呼んだ」という不完全他動詞(V)なので, 目的語(O)と補語(C)をとる。the dog は目的語 (O), Pochi は補語 (C)。
(4) at 8:30 は時刻を表す修飾語句(M)。

Exercises 解答・解説 P.3

1 (1)ウ (2)オ (3)イ (4)エ (5)ア

解説 (1) He(S) lives(V) in Nagoya(M).
【第１文型 S＋V】⇨ウ I(S) can swim(V) very well(M).「私はとてもじょうずに泳ぐことができます。」
(2) This milk(S) tastes(V) sour(C). 【第２文型 S＋V＋C】⇨オ That(S) sounds(V) great(C).「それはよさそうです。」
(3) Bell(S) invented(V) the telephone(O).
【第３文型 S＋V＋O】⇨イ Mr. Ishii(S) teaches(V) English(O).「石井先生は英語を教えます。」
(4) She(S) lent(V) me(IO) a dictionary(DO).
【第４文型 S＋V＋IO＋DO】⇨エ
Mr. Morita(S) wrote(V) his mother(IO) a letter(DO).「森田さんはお母さんに手紙を書きました。」
(5) I(S) named(V) my son(O) Ichiro(C).
【第５文型 S＋V＋O＋C】⇨ア The news(S) made(V) me(O) happy(C).「その知らせは, 私を幸せにしてくれました。」

2 (1) to (2) for (3) of

解説 第４文型は前置詞(to, for, of)を使って第３文型に書きかえができることが多い。
(1)「私にあなたの写真を見せてください。」
Please(M) show(V) your photos(O) to me(M).
注 命令文に主語(S)はいらない。
to を使って第３文型に書きかえることができる動詞は tell, give, send, show, teach, write など。
(2)「彼は彼女に新しい帽子を買ってあげました。」
He(S) bought(V) a new hat(O) for her(M).
注 for を使って第３文型に書きかえることができる動詞は choose, get, make, buy, cook など。
(3)「お願いがあるのですが。」 Can(V) I(S) ask(V) a favor(O) of you(M)?
注 動詞 ask は of を使って第３文型に書きかえができる。

3 (1)彼女の両親は彼女を医者にした。
(2)彼は私たちに大きなケーキを作ってくれた。

解説 (1) Her parents(S) made(V) her(O) a doctor(C).
(2) He(S) made(V) us(IO) a big cake(DO).

4 (1) I'll bring an umbrella to you
(2) She found her father sleeping

解説 (1) I(S)'ll bring(V) an umbrella(O) to you(M)
(2) She(S) found(V) her father(O) sleeping(C)

② 時　制 ①　(pp.4～5)

アドバイス
- ▶単純未来の表す意味：平叙文「～するでしょう」，疑問文「～するでしょうか」
  意志未来の表す意味：平叙文「～しよう」「～させよう」，疑問文「～しましょうか」「～してくれますか」
- ▶ when や if の節（主語＋動詞）が「時」や「条件」を表す副詞節の場合には，未来のことでも現在時制を用いる。
- ▶動詞の活用（過去形，過去分詞形）には「規則変化」と「不規則変化」があり，不規則動詞の活用については１つ１つ確実に覚えること。

Pre-test 解答・解説 ―――――― P.4

1. (1) get (2) makes

解説 (1)現在の習慣的動作は，現在時制。
(2)不変の真理は，現在時制を用いる。

2. (1) stopped (2) played (3) studied (4) read (5) met (6) taught (7) come (8) Shall

解説 (4)現在形と同形。発音は[red]。
(7) will の後は動詞の原形。
(8)主語が I のとき，疑問文は Shall で始める。

Exercises 解答・解説 ―――――― P.5

1 (1) going (2) moves (3) went (4) comes (5) wanted

解説 (1)前に be 動詞，後に to があるので be going to の形。
(2)不変の真理は現在時制。
(3)副詞節(when＋主語＋動詞)の動詞が過去形(was)なので，過去時制を用いる。
(4) when 以下の副詞節の中で「彼は帰宅すると」という未来の内容が述べられているときは，現在時制(comes)を用いる。
(5) but 以下が過去の文なので時制を一致させる。

2 (1)㋐ (2)㋓ (3)㋒ (4)㋓ (5)㋑

解説 (1)「バスが止まるまで降りてはいけません。」
時を表す副詞節の中の未来は現在形で書く。
till it will stop(未来)→ stops(現在)
(2)「家に帰るのに(長い)時間がかかるのではないかと思います。」
that 以下は afraid の理由・原因を表す副詞節で未来のことを述べている。
(3)「私の兄〔弟〕はよく冬にスキーに行きます。」
go ～ing「～しに行く」 例 go shopping「買い物に行く」
(4)「登校後，私は彼に会いに行くつもりです。」
時を表す副詞節の中の未来は現在形で書く。
after I will go(未来)→go(現在)
(5)「もし明日雨だったら，テニスの試合は延期されるでしょう。」
条件を表す副詞節の中の未来は現在形で書く。
If it will rain(未来)→ rains(現在)

3 (1)多くの外国人が近い将来日本に住むようになるでしょう。
(2)私は駅に着いたとき，あなたに電話します。

解説 (1)単純未来時制の平叙文「～でしょう」
(2)時を表す副詞節の中での未来は現在形で書く。
when I will arrive at the station
現在形で書く→ arrive

4 (1) Will you tell me how far it is
(2) I am glad the plane is to take off

解説 (1) Will you ～? 「～してくれませんか」
tell「(道)を教える」
(2)[be 動詞＋to]で未来を表す。１つの助動詞と考えるとよい。

③ 時　制 ②　(pp.6～7)

アドバイス
- ▶現在分詞＝動詞の原形＋ing
- ▶主として往来発着を表す動詞の進行形が，未来を表す副詞 tomorrow「明日」や副詞句を伴って用いられると，近い未来の予定を表す。
- ▶ always，constantly などの副詞を伴って進行形が用いられると反復的行為を表し，「～して困る」という気持ちが入る。

Pre-test 解答・解説 P.6

1. (1) are, looking (2) is, running

解説 (1)(2)現在進行形は, am/is/are+(動詞の原形+ing)

2. (1) was, cooking (2) was, drinking
(3) will, be, taking (4) will, be, raining

解説 (1)(2)過去進行形は[was/were+(動詞の原形+ing)] (3)(4)未来進行形は[will+be+(動詞の原形+ing)]

Exercises 解答・解説 P.7

1 (1) lying (2) traveling (3) complaining
(4) arriving (5) sleeping

解説 (1) lie の変化 lie－lay－lain－lying。
(2)未来進行形。
(3)[be+always+~ing]で反復的行為「いつも~してばかりいる」を表す。
(4)近い未来の予定を表す現在進行形。
(5) When 以下が過去形なので, 過去進行形。

2 (1)㋑ (2)㋒ (3)㋒ (4)㋓ (5)㋒

解説 (1)「男が通りを歩いているときに帽子が彼の頭から飛んだ。」
as は「~するときに」「~しながら」などの意味の副詞節を導く接続詞。主節が過去なので, 過去進行形。
(2)「これらはだれのものですか。」「それらは私の両親のものです。」
belong to「~のものです」 belong は進行形にならない。
(3)「私たちは明日の今頃はハワイに向けて出発しているだろう」
will be ~ing(未来進行形)
(4)「彼女は自転車通学をしているときに脚のけがをしました。」
while「~している間に」 過去進行形
(5)「私たちは今, 昼ごはんを食べています。」
have は「持っている」の意味では進行形にならないが, 「食べる, 飲む, 過ごす」の意味では進行形になる。

3 (1)彼はいつも彼の兄〔弟〕の悪口ばかり言っていた。
(2)私はあなたからのたよりを楽しみに待っています。

解説 (1) be always ~ing(反復的行為)「いつも~してばかりいる」
(2) be looking forward to ~「~を楽しみに待っている」

4 (1) A friend living in Tokyo is coming to see me.
(2) was snowing very hard when he woke up

解説 (1) be coming(往来発着の動詞のとき, 近い未来の予定は進行形で表すことができる。)
(2) was/were ~ing(過去進行形)「~していた」 wake－woke/waked－woken/waked

④ 時 制 ③ (pp.8~9)

アドバイス
- 完了:just「たった今」, already「すでに」, yet「まだ」などの現在の時と関係のある副詞を伴うことがある。
- 経験:ever「かつて」, never「けっして…ない」, once「1度」, often「しばしば」, before「以前に」などの副詞を伴うことがある。
- 継続:for「…の間」, since「…以来」などの期間を表す副詞句を伴うことがある。
- 現在完了進行形は, 過去に起こった動作が現在まで継続していること(ずっと~している)を表し, さらに未来までの継続も含むことがある。

Pre-test 解答・解説 P.8

1. (1) have, played (2) has, swum (3)経験
(4)結果 (5)完了 (6)継続

解説 (2)不規則動詞の変化に注意すること。
(3)「行ったことがある」
(4)「行ってしまって, 今ここにはいない」
(5)「掃除してしまった」
(6)「1週間ずっと病気だ」

2. (1) have, been, listening
(2) has, been, waiting

解説 (1)(2)現在完了進行形は[have〔has〕+been+(動詞の原形+ing)]。have と has を間違えないようにすること。

Exercises 解答・解説 P.9

1 (1) I have just finished my homework.
(2) We have known each other for thirty years.
(3) He has been swimming in the river for an hour.

解説 (1)「私はたった今宿題を終えたところです。」(完了)
(2)「私たちは互いに30年来の知り合いです。」(現在完了の継続)
(3)「彼は1時間前から川で泳いでいます。」(現在完了進行形)

2 (1)㋐ (2)㋐ (3)㋒ (4)㋒ (5)㋒ (6)㋓ (7)㋑ (8)㋑

解説 (1)「私がここに住んで今，10年以上になります。」[have〔has〕+過去分詞]（現在完了の継続）「(…から)ずっと～している」
(2)「私が故郷を去ってから10年以上になります。」 [It is〔has been〕+年数+since S+V]の形。
(3)「彼らは結婚して3年になります。」「(…年間)ずっと～している」(現在完了の継続)
be married「結婚している」
(4)「私たちは1980年代に4度イタリアを訪れた。」 forやsinceは現在完了で，duringは過去形で用いる。
(5)「何回ここに来ましたか。」「2回です。」
How often = How many times「何回」
(6)「いいえ，結構です。私はもう食べました。」(完了)
(7)「彼女は学校を卒業してからデパートで働いています。」 現在完了進行形「(…から)～しています」(…から)にはsinceを用いる。
(8)「ジョンはナイアガラの滝を見たことがありません。」(現在完了の経験)「～したことがある」の否定文。「(これまでに)1度も～したことがない」にはneverを用いる。everは疑問文や否定文で用いる。

3 (1) died
(2) has, been
(3) is〔has been〕, died
(4) passed, died

解説 (1)「彼女のお父さんは5年前に死んだ。」 agoがあるので過去形。
(2)「彼女のお父さんは5年前から死んでいます。」 forがあるので現在完了。
(3)「彼女のお父さんが死んでから5年です。」 sinceがあるので現在完了も可。
(4)「彼女のお父さんが死んでから5年過ぎています。」 sinceがあるので現在完了。

⑤ 時 制 ④ (pp.10～11)

アドバイス
▶未来完了：未来のある時点を表す副詞(tomorrow「明日」)や副詞句(by～「～までには」)などとともに用いられることが多い。
▶過去完了：「完了」ではjust, alreadyなどの副詞，「経験」ではever, beforeなどの副詞，「継続」ではsince, forなどの期間を表す副詞句がよく用いられる。いずれの場合も過去のある時点を表す語句を伴うことが多い。
▶過去完了進行形：過去のある時点まで動作が継続して行われていたことを表す。

Pre-test 解答・解説 ——— P.10

1. (1) will, have, read
(2) will, have, been
(3) will, have, been, watching

解説 (1)(2)未来完了は，[will have+過去分詞]
(3)未来完了進行形は，[will have+been+～ing]

2. (1) had, eaten (2) had, been, swimming

解説 (1) eat－ate－eaten

Exercises 解答・解説 ——— P.11

1 (1) We will have reached the top of the mountain by three o'clock.
(2) He will have been skiing for three hours at noon.
(3) I had finished my homework before.

解説 (1)未来完了－[will have+過去分詞]「私たちは3時までに山の頂上に着いているでしょう。」
(2)未来完了進行形－will have been ～ing 「彼は正午になると3時間スキーをしていることになるでしょう。」
(3)過去完了－[had+過去分詞] 「私はその前に宿題を終えていた。」

2 (1)㋒ (2)㋐ (3)㋑ (4)㋓ (5)㋒ (6)㋑ (7)㋑

解説 (1)時を表す副詞節の中の未来は現在形で表す。未来完了を現在完了にする。「宿題を終えたらすぐに，私に言ってください。」
(2)「メアリーは帰宅する前に何が彼女に起こったかを両親に話しました。」before she cameより前のことを表すので大過去〔過去完了〕を用いる。
(3)「来月で，私はアリスと知り合って20年になります。」 未来完了の継続「(いついつになると)～していることになるでしょう」
(4)「ジャックは来月で40年警官として働いていることになります。」 未来完了進行形「(いついつになると)～していることになるでしょう」
(5)「地震が起こったとき，正は3年間トルコにいた。」 when があると，現在完了は使えないので，過去または過去完了を用いる。for があるので，過去完了の継続を用いる。「(…の間)～していた」

(6)「驚いたことに，ジョンは日本に来る前に食べていた。」 came(過去)より以前に食べていたので，大過去〔過去完了〕を用いる。

(7)「ロメオが初めてジュリエットに会ったとき，彼女と同じくらい美しい人をほかに見たことがないと感じた。」過去時制 he felt よりも前の経験を表すので過去完了。

3 (1)列車が出たあと，私は駅に着きました。
(2)来年の終わりまでで私は3年間英国に住んでいることになるでしょう。

⑥ 文の種類 (pp.12～13)

アドバイス
▶否定文で，be 動詞，助動詞を含む文はその後に not を置く。
一般動詞の場合は動詞の原形の前に do〔does, 過去形は did〕not を置く。
▶疑問文のとき，一般動詞の場合は Do〔Does, Did〕＋主語＋動詞の原形。
◇付加疑問文の主語が This の場合は代名詞 it で受ける。

Pre-test 解答・解説 P.12

1. (1) Clean the room. (2) Don't be lazy.
(3) What, a, big (4) How, high, that

解説 (1)命令文は主語を省略し，動詞の原形から始める。
(2)否定の命令文は[Don't〔Never〕＋動詞の原形]。
◇ What と How の見分けかた→文中に[very＋形容詞＋名詞]があれば what を用いる。[very＋形容詞〔副詞〕]のように，very の後に名詞がなければ How を用いる。
(3) What＋a＋形容詞(big)＋名詞(dog)＋S＋V！
(4) How＋形容詞(high)＋S＋V！

2. (1) What (2) Why (3) doesn't, she
(4) will〔won't〕, you (5) shall, we

解説 (1)「何時に」What time ～？
(2)「なぜ」Why ～？
(3)肯定文なので，否定の疑問形[, doesn't she ?]をつける。
(4)命令文なので，[, will〔won't〕 you ?]をつける。
(5) Let's ～は[, shall we ?]をつける。

Exercises 解答・解説 P.13

1 (1) What is the name of the hotel ?
(2) Let's go to the movies.
(3) How well he can skate !

解説 (1)「そのホテルの名前は『京都イン』です。」が答えになる文は，What is ～？「～は何ですか。」
(2)「映画に行きましょう。」
(3)「彼は何とスケートをじょうずにできるのでしょう。」

2 (1)㋐ (2)㋓ (3)㋑ (4)㋓ (5)㋐

解説 (1)「散歩に行きませんか。」
Why don't ～？＝Let's ～.(勧誘)
(2)「だれの書類が机の上にあるのか彼女は知りませんでした。」
空所のあとに名詞があるので，所有格の whose。
(3)「その自転車は高価だったけれど，彼女は買う決心をした。」
after「～のあと」，though「～だけれども」，that「～ということ」，or「それとも」
(4)「ここから郵便局までどれくらいありますか。」「約3キロメートルです。」距離を答えているので，How far ～？
How long「どれくらいの長さ(期間)」，How big「どれくらいの大きさ」，How heavy「どれくらいの重さ」
(5)「だれが現代の良い小説家だとあなたは思いますか。」
Do you think who are the good novelists(複数形) of today ? と考える。

3 (1)㋓ (2)㋓

解説 (1)「何と美しい日なのでしょう。」 感嘆文は[What a 形容詞＋名詞]または[How＋形容詞〔副詞〕]を用いる。
(2)「1年のこの時期は何とひどい気候が続いているのだろうか。」 terrible(形容詞)，weather(名詞)。weather(不可算名詞)には a がつかない。[What＋形容詞＋名詞]

4 (1)㋐ (2)㋑

解説 (1)「今日の午後それに取り組み始めましょうね。」
Let's の付加疑問は shall we を用いる。
(2)「彼女が笑っているのをめったに見ませんね。」 seldom「めったに～ない」は否定の意味なので do we を用いる。

⑦ 助動詞 (pp.14～15)

アドバイス
▶ have, do 以外の助動詞：人称・数による変化はない。
▶疑問文：助動詞を主語の前に置く。
▶否定文：助動詞の後に not をつける。

Pre-test 解答・解説 P.14

1. (1) You can play the piano.
(2) Tom may come tonight.
(3) It will be rainy.
(4) am, able, to
(5) have, to (6) is, going, to

解説 (2)助動詞 may は動詞 comes の前に置き，動詞を原形 come にする。

2. (1) had (2) to (3) to

解説 (1)「～したほうがいい」
(2)「よく～したものだ」「今はしないが」という気持ちがこめられている。
(3)「～すべきだ」

Exercises 解答・解説 P.15

1 (1)「遅いですよ。あなたは寝たほうがいいでしょう。」
(2)「彼女の両親はどうしても彼女を一人で行かせようとしなかった。彼女はまだ若すぎるのだ。」

解説 (1) might as well「～したほうがいい」
(2) would「どうしても～しようとした」の否定文。

2 (1)ウ (2)ア (3)エ (4)イ (5)エ

解説 (1)「私は外出するよりもむしろ家にいてテレビを見ていたい。」 would rather A than B「BよりむしろAしたい」
(2)「この池の水はかつてほどきれいではない。」 not as ～ as —「—ほど～でない」，used to「かつて～だった」
(3)「私はあなたが夜遅く出かけないほうがよいと思います。」 had better not「～しないほうがよい」
(4)「ジルは空腹のはずがない。彼女はたった今おいしい昼ごはんを食べたところだ。」
can't「～のはずがない」，must「～に違いない」
(5)「私は一生懸命押したが，ドアはどうしても開かなかった。」 wouldn't「どうしても～しようとしなかった」

3 (1)ウ (2)ウ (3)ア

解説 (1)「車が壊れた，だから私たちはタクシーに乗らなくてはならなかった。」 had to (= must の過去)「～しなくてはならなかった」
(2)「私は机の上の私のはさみを見つけられません。息子がそれを動かしたに違いありません。」[must＋現在完了形]「～したに違いない」
(3)「あなたは速達で小包を送るべきだったのに。」 ought to「～すべきである」，by special delivery「速達で」

4 (1)ア (2)エ

解説 (1)A「あなたは確かに海についてよく知っています。」
B「昔，私は船で働いていました。」
used to「かつて～していた」，ought to＝should「～すべきだ」，might「～かもしれない」
(2)A「ジョンは友達にいつも借金を申し込んでいます。」
B「あなたのお金を彼に貸すくらいなら捨てるほうがましです。」
might as well as —「—するくらいなら～したほうがましだ」

復習問題 ❶ (pp.16～17)

〈標準編〉

1 (1)第(2)文型 (2)第(3)文型 (3)第(4)文型 (4)第(5)文型 (5)第(1)文型

解説 S＝主語 V＝動詞 C＝補語 O＝目的語 M＝修飾語句(文型には入らない)
(1) You＝S are＝V my sunshine＝C
(2) We＝S took＝V
a picture of the house＝O
(3) The polestar＝S shows＝V you＝IO
the direction＝DO
(4) You＝S should keep＝V your teeth＝O
clean＝C
(5) He＝S goes＝V to school＝M
by bus＝M

2 (1) am going to (2) Will (3) rises (4) has (5) played (6) comes

解説 (1)以前から予定していた未来は be going to を使う。
(2)「～してくれますか」Will you ～？
(3)不変の真理は現在時制。
(4)現在の習慣的動作は現在時制。

(5) yesterday「昨日」は過去を表す語。
(6)時を表す副詞節では未来のことも現在形で表す。

3 (1)ウ (2)ア

解説 (1)「私はテレビでこの番組を1度も見たことがない。」
現在完了の否定文 [have never〔not〕+過去分詞]
(2)「彼は昨夜からギターを弾いています。」
現在完了進行形[have been + ～ing]「(…から)～しています」

4 (1) How (2) what

解説 (1) How long「どれくらいの期間」
(2)間接疑問文。what time「何時」

5 (1)イ (2)ウ (3)イ

解説 (1)「今そこに行かなくてはなりませんか。」「いいえ，その必要はありません。」
need not = don't have to「～する必要はない」
(2)「彼女にそれをさせましょうね。」
付加疑問は Let's なら shall we であるが，この文の Let は命令文なので will you を用いる。
(3)「彼女はよくクラブに行っていたものだが，今は行っていない。」
used to「～したものだ」と過去の習慣を表す。

〈実戦編〉

1 (1)イ (2)イ (3)ウ (4)イ

解説 (1) What made you change your mind ?
「何があなたの心を変えさせたのですか。」
= Why did you change your mind ?
「なぜあなたは心を変えたのですか。」
(2)「その小説はとてもおもしろかったのでけっして飽きなかった。」
get bored 「飽きる，うんざりする」
(3)「彼らは私がロンドンに行ったことがあったことを知っていた。それで，(ロンドンが)どういう様子か私にたずねた。」 What is S like ?「どのようなものか，どういう様子か」
(4)「私たちが誕生日のパーティーに着いたとき，食べ物も飲み物も何も残されていなかった。」
left は leave「残す」の過去分詞→「残された」

2 (1)ア (2)ア (3)エ

解説 (1)「みんな一緒に歌って踊りましょうね。」
Let's の付加疑問は，shall we を用いる。
(2)「サイモンは何と愚か者なのでしょう。」
a fool = a foolish man (名詞 愚か者)，foolish (形容詞 愚かな)
What a foolish man (= a fool) Simon is !
= How foolish Simon is !
(3)「卒業後，彼らは仕事を見つけることがいかに難しいか突然悟る。」
It is very difficult to find a job. の感嘆文。
= How difficult it is to find a job !

3 (1)ウ (2)エ (3)ウ (4)イ

解説 (1) A「私は今この仕事を終えなくてはなりませんか。」
B「いいえ，その必要はありません。急ぐことはありません。」
(2)「かつて私は毎年夏によく泳ぎに行ったものだ。」
at one time「かつて」，used to「(以前は)よく～したものだ」
(3)「私たちはおよそ週に1度，劇場に行く。」
現在の習慣なので，現在形で表す。
(4)「風邪をひかないように気をつけたほうがよい。」
[had better + 動詞の原形]「～したほうがいい」

⑧ 不定詞 (pp.18～19)

アドバイス
▶完了不定詞は述語動詞より以前の時を表す。
▶ [知覚動詞 + O + C (原形不定詞)]「O が C するのを～する」
[使役動詞 + O + C (原形不定詞)]「O に C させる〔してもらう〕」
▶ [It is + 形容詞 + of + 意味上の主語 + to...] になる形容詞は，kind「親切な」，nice「すてきな」，good「よい」，wise「賢い」，foolish「馬鹿な」，brave「勇敢な」，careless「不注意な」，careful「注意深い」など。
▶目的をより明確にする表現：「～するために」
in order to ～，so as to ～
【否定】「あまり…なので～できない」too ... to ～
【程度】「～できるほど…だ」... enough to ～，so ... as to ～
▶慣用表現
「～したほうがよい」had better + 原形不定詞
「むしろ～したい」would rather + 原形不定詞
「～せずにはいられない」cannot but + 原形不定詞
「～してばかりいる」do nothing but + 原形不定詞

Pre-test 解答・解説 P.18

1. (1) to ski (2) sing (3) not to swim

解説 (1)「～するのが好き」like to ～
(2)[知覚動詞＋O＋原形不定詞]
(3)否定の不定詞は not to ～。

2. (1) for (2) as

解説 (1)「難しい」difficult は人の性質ではない形容詞なので，[It is＋形容詞＋for＋意味上の主語＋to ～.]の文。
(2) so as to ～は目的を表す不定詞の副詞的用法。

Exercises 解答・解説 P.19

1 (1)㊏ (2)㋑ (3)㋒ (4)㋐

解説 (1)㊏副詞的用法「～するために」
(2)㋑副詞的用法(感情の原因)「～して」
(3)㋒名詞的用法「～すること」
(4)㋐形容詞的用法「～するための」

2 (1)㋒ (2)㋒ (3)㋐

解説 (1)「あなたは注意を引かないようにすべきだ。」
不定詞の否定は，not を to＋動詞の原形の前に置く。
(2)「トムは彼のお母さんを傷つけないように真実を言わなかった。」
so as to ～「～するために」，so as not to ～「～しないために」
(3)「大統領はインフルエンザにかかったことを報道された。」
完了不定詞は述語動詞の表す時制より以前のことを表す。

3 (1)㋒ (2)㋒ (3)㋒

解説 (1)「彼はとても速く話したので，私は彼を理解できなかった。」
so ... that ― cannot ～ ＝ too ... (for ―) to ～「とても～なので―できない」
(2)「同じミスをするとは彼は不注意だった。」
It is 形容詞 for ― to ～.
It is 人格・性格を表す形容詞 of ― to ～.
(kind, gentle, good, careless など)
(3)「ホワイト氏はよりよい学問の環境をつくるために一連の規則を公表した。」
aim at ～「～をねらう」，[hope for＋名詞]「～を祈る，希望する」，in order to ～「～するために」

4 (1)㋑ (2)㋐ (3)㋐

解説 (1)「私の車は壊れてしまった。できる限り早く修理してもらわなくてはならない。」
[have＋人＋動詞の原形]「(人)に～してもらう，(人)に～させる」，[have＋物＋動詞の過去分詞形]「(物)を～してもらう」
(2)「私のペンが調子悪い。だから，私に別の物を持たせてください。」
another よく似た別の物，(the) other 2つのうちの1つ，others 2つ以上の別の物。
(3)「私は意に反して書類に署名させられた。」
make のような使役動詞は，受動態になると to 不定詞をとる。

9 動名詞 (pp.20～21)

アドバイス
▶動名詞の否定形：not を動名詞の前に置く。
▶文の主語と一致しない意味上の主語は動名詞の前に置く。
意味上の主語が代名詞のときは，所有格（または目的格）を用いる。
▶意味の変わる動詞：forget ～ ing「～したことを忘れる」，forget to ～「～するのを忘れる」，remember ～ ing「～したことを覚えている」，remember to ～「忘れずに～する」，try ～ ing「試しに～してみる」，try to ～「～しようと努める」
▶完了形の動名詞：[having ＋過去分詞] 述語動詞より「以前の時」を表す。

Pre-test 解答・解説 P.20

1. (1) swimming (2) helping

解説 (1)「～することが好きだ」 be fond of ～ing
(2)「～してくれてありがとう。」 Thank you for ～ing.

2. (1) to pass (2) having broken

解説 (1) expect は不定詞だけを目的語にとる。(2) admit は動名詞だけを目的語にとる。

Exercises 解答・解説 P.21

1 (1)㋑ (2)㊏ (3)㋑ (4)㋐

解説 (1)「私はこの短い物語をたった今読み終えたところです。」
finish ～ing「～するのを終える」
(2)「その話は，思い出すだけの価値がある。」
be worth ～ing「～する価値がある」
(3)「辞書を使わないでこの英語の本を読むこと

ができますか。」
without ~ing「~なしで，~しないで」
(4)「私は自分の家族が金持ちであることにうぬぼれていません。」
be proud of「~を誇りに思う」 動名詞の意味上の主語は，目的格か所有格にし，動名詞の前に置く。

2 (1)㋑ (2)㋓ (3)㋑ (4)㋐

解説 (1)「彼はまだ，寒い部屋で生活するのに慣れていません。」
be used to ~ing「~するのに慣れている」
(2)「私は再びあなたから手紙をもらうことを期待しています。」
look forward to ~ing「~することを期待する」，hear from「~から手紙をもらう」
(3)「私はゴルフを見るよりするほうが好きです。」
prefer A(~ing) to B(~ing)「BするよりもAするほうが好きである」
(4)「私は以前あなたに会ったことを覚えていません。お会いしたことがありますか。」
remember ~ing「~したことを覚えている」

3 (1)㋒ (2)㋐

解説 (1)「私は週末に早起きすることをいやだと思いません。」
mind ~ing「~するのをいやだと思う」
(2)「時々私たちの先生は私たちに英語の辞書を使うことを許さなかった。」
[allow＋O＋to ~]「Oが~するのを許す」

4 (1)㋐ (2)㋒

解説 (1)「ただ一生懸命努力するだけでは，この試験に合格するのに十分ではありません。」
主語になる動名詞。
(2)「私があなたに渡した手紙をポストに出すことを忘れるな。」
forget to ~「~することを忘れる」，forget ~ing「~したことを忘れる」

⑩ 分 詞 (pp.22~23)

アドバイス
▶現在分詞が1語だけで名詞を修飾する場合は普通，名詞の前に置く。
▶過去分詞は規則動詞なら「動詞の原形＋(e)d」の形になる。不規則動詞ならその特有の形になる。

Pre-test 解答・解説 P.22

1. (1) opened (2) playing

解説 (1)窓は自分の意志で開くことはない。「開かれた窓」は過去分詞。
(2)「ピアノを弾いている」は現在分詞。

2. (1) exciting (2) surprised (3) waiting

解説 (1)「そのゲームは刺激的だ。」 現在分詞。exciting は「興奮させるような」，excited は「興奮させられた」。excited は「ゲームが興奮している」で誤り。
(2)「その男の人は驚いているように見えた。」
過去分詞。surprising は「驚かしている」の意味で誤り。
(3)「私は彼を待たせ続けた。」 現在分詞。
[keep＋O ~ing]「O を ~ing の状態にしておく」の慣用表現。

Exercises 解答・解説 P.23

1 (1) rolling (2) excited (3) pressed (4) boring (5) amazed

解説 (1)「ころがっている石はコケがつかない。」(ことわざ) gather「集める」，moss「コケ」
(2)「私は今度の休みのことで本当にうきうきしている。」 excite「~を興奮させる」，be excited about ~「~でうきうきする」
(3)「彼は毎日ズボンにアイロンをあててもらう。」 [have＋物＋過去分詞]「物を―してもらう」
(4)「私は彼の退屈させる講義に失望した。」
be disappointed with「~に失望する」，boring「~を退屈させる」，bored「~に退屈する」
(5)「私はそれを手に入れたとき，本当にびっくりした。」 amaze「~をびっくりさせる」，amazed「~にびっくりする」

2 (1)㋒ (2)㋓ (3)㋑ (4)㋓

解説 (1)「かどに座っている太った男の人はだれですか。」
(2)「私はスペインで書かれた手紙を受け取った。」
(3)「先生と話している少女はオーストラリア出身です。」
(4)「パナマ運河は太平洋とカリブ海とを分けている土地に狭い水路を切り開いて通っている。」

3 (1)ウ (2)イ (3)エ

解説 (1)「あなたを大変長く待たせて本当にごめんなさい。」[keep＋人＋～ing]「人を～させ続ける」

(2)「彼はコーヒーショップに友人と一緒に入っていくのを見られた。」[see(知覚動詞)＋人＋動詞の原形]で「人が～するのを見る」だが，受動態になると[to＋動詞の原形]か分詞になる。

(3)「サインが消えるまで座席ベルトをしっかりお締めください。」[keep＋物＋過去分詞]「物を～させ続ける」

4 (1)彼は駅からずっと走って来た。
(2)彼は腕を組んで音楽を聴いた。

解説 (2) with his arms crossed「腕を組んで」

⑪ 形容詞・副詞 (pp.24～25)

アドバイス

▶形容詞は名詞や代名詞の前に置かれるのが原則。しかし，名詞や代名詞の後に置かれることもある。

▶S＋V＋CでS＝Cの関係。主格補語
S＋V＋O＋CでO＝Cの関係。目的格補語

▶ anyの否定文のとき「少しも～（ない）」の意味になる。

▶ veryやmuchは肯定文で「たいへん」，否定文で「あまり（～ない）」という意味を表す。

Pre-test 解答・解説 P.24

1. (1)限定用法 (2)叙述用法

解説 (1)「高い建物」形容詞＋名詞。
(2)S＋V＋O＋Cの文型。O＝Cの関係。目的格補語。

2. (1) little (2) hardly〔scarcely〕

解説 (1) moneyは数えられない名詞。
(2)「ほとんど～ない」は程度の準否定，hardly〔scarcely〕を使う。

Exercises 解答・解説 P.25

1 (1)エ (2)ウ (3)ア (4)ウ

解説 (1)「あなたにはほとんど時間は残っていません。」a fewやfewは「数えられる名詞」の前に，littleは「数えられない名詞」の前に用いる。この場合のtimeは「数えられない名詞」である。anyはどんな名詞の前でも用いられるが，基本的には疑問文・否定文に用いる。肯定文で用いられるanyは，「どんな～でも」と訳す。

(2)「このグループにおいて，少年たちのほとんどは6歳です。」
almost all (of) the boys>most of the boys
mostly the boys「ほとんどの場合，その少年たちは」
most people「たいていの(大多数の)人々」(theはつかない)

(3)「私は子どものときからいつも海外留学したいと思っています。」
study abroad「海外留学する」

(4)「議論する時間はほとんどない。」
a few(少し)，few(ほとんどない)は「数えられる名詞」に用いる。
littleは「数えられない名詞」に用いるが，a fewやfewと同様にanyの前にはつけられない。hardly any ～で「ほとんど～ない」。

2 (1)ア (2)ウ (3)イ (4)イ (5)ウ

解説 (1)「ジョンが有罪であると私にははっきりと思われた。」[It seems (to be) 形容詞 to O that S＋V ～.]の形。clear(はっきりとした)は形容詞。

(2)「あなたが宿題をすでに終えたとは意外なことだ。」[It is surprising that S＋V ～.]「～したのは意外なことだ」

(3)「ほんのわずかな会社しか新しい規定から利益を得られないだろう。」a fewは「数えられる名詞」の前に，muchやa littleは「数えられない名詞」の前に用いる。
mostはtheをつけて最上級，theをつけないで「大部分，たいてい」の意味でどちらの名詞の前にも用いるが，onlyとは結びつかない。
only a few「ほんの少ししかない」

(4)「私は中国でほとんど1か月過ごした。」
almostは副詞「ほとんど」で，a「1つの～」にかかる。

(5)A「今晩忙しいですか。」
B「はい，たくさんの宿題があります。」
a great dealは副詞句「たくさん」，a great deal ofは形容詞句「たくさんの」
a lot of＝lots of「たくさんの」は，「数えられる名詞」「数えられない名詞」の両方に用いることができる。manyは「数えられる名詞」に用いられる。homeworkは「数えられない名詞」。

3 (1)エ (2)ウ

解説 (1)「私はラジオがほとんど聞こえませ

ん。音を上げてくれませんか。」
hardly「ほとんど～ない」
(2)A「あまり寒くないね。これらの大きなジャケットは必要ないと思う。」
B「私もそう思う。」
否定の内容に同意するとき，either を用いる。肯定文では too や also を用いる。

4 rarely, brings

解説 「春はいつも青空をもたらすとは限らないだって。全然違うよ。」→「春はめったに青空をもたらさないよ。」rarely「めったに～しない」

⑫ 比較 (pp.26～27)

アドバイス
▶形容詞や副詞には性質や程度を比べるのに3つの形がある。［原級・比較級・最上級］
◇比較級は（原級＋er）と（more＋原級）の形。
◇最上級は（原級＋est）と（most＋原級）の形。
最上級の後にくる前置詞 of の後は複数名詞。
最上級の後にくる前置詞 in の後は単数名詞。
▶ than の代わりに用いる to は前置詞なので，後にくる名詞や代名詞は目的格でなければならない。

Pre-test 解答・解説 P.26

1. (1) any (2) of

解説 (1)［比較級(er)＋than any other＋単数名詞(student)］「他のどの生徒より」。
(2)［最上級＋of＋the five men］「5人の男の人の中で最も」。

2. (1) to (2) more

解説 (1)比較級 junior の後は to。「3歳若い」
(2)［the＋比較級 …, the＋比較級 ～］
beautiful の比較級は more をつける。

Exercises 解答・解説 P.27

1 (1)㋑ (2)㋓ (3)㋒

解説 (1)「彼女はクラスの中で他のどんな女の子より背が低いです。」
［比較級＋ than any other ＋単数名詞］の形。
anything else「他のどんなもの」は，物のときに用いる。
(2)「カオルは彼女の姉〔妹〕よりもずっと多くの本を必要としていますか。」
比較級を強める副詞 far を用いる。
(3)「トムは私が持っているレコードの2倍を収集した。」
［twice〔half, three times〕as 形容詞＋名詞 as ～］「～の2倍〔半分，3倍〕の」

2 (1)㋓ (2)㋓ (3)㋓ (4)㋑ (5)㋐

解説 (1)「イギリスでは，9月よりも7月のほうがいつも暑いです。」
in July を in September と比べているので in が必要。
(2)「トムは頭1つ分だけ私の兄〔弟〕よりも背が高い。」
by a head「頭1つ分だけ」(by は差を表す)
(3)「この車はあの車よりデザインで優れている。」
senior, junior, superior, inferior 等の語は than の代わりに to を用いる。
(4)「メアリーは美しいが，彼女の姉〔妹〕のほうがさらに美しい。」
比較級を強めるとき，much〔far, still, even, yet, a lot〕を前につける。
(5)「ビルは2人の中では若いが，ジョージよりもまじめです。」
2人を比べるとき比較級の前に the をつける。
more をつけて比較級を作る語は，この中では serious だけ。他はそれぞれ sharper, smarter, stronger となる。

3 (1)㋓ (2)㋒

解説 (1)「私は健康を維持するのが好きです，だからできる限りしばしば泳ぎに行きます。」
keep fit「健康を維持する」，as often as I can＝as often as possible「できる限り～」
(2)「それは彼らが今までに経験した最も激しい雨でした。」［the＋最上級＋名詞＋関係代名詞＋S＋V］の形。

4 The more careful you are

解説 ［The＋比較級＋A, the＋比較級＋B ～.］「AすればするほどますますBになる」の形にする。

⑬ 受動態 (pp.28～29)

アドバイス
▶能動態：「AはBを…する」
能動態の文：［A＋動詞＋B］
▶受動態：「BはAによって…される」
受動態の文：［B＋be 動詞＋過去分詞＋by A］
▶ by 以外の前置詞を用いる場合：be covered

with「～で覆われている」, be known to「～に知られている」, be interested in「～に興味がある」, be pleased with／at「～を気に入っている」, be made of（材質が変化しない）「～でできている」, be made from（材質が変化する）「～でできている」

Pre-test 解答・解説 P.28

1. (1) is spoken (2) to sing

解説 (1) B is spoken (by A)「B は(A によって)話されている」 受動態。
[by＋行為者] は省略できる。

(2) 動詞が hear「聞く」の受動態は was heard「聞かれた」, その後には[to＋動詞の原形] to sing が続く。

2. (1) from (2) in

解説 (1) is made from（材質が変化している）「～で〔によって〕できている〔作られている〕」by 以外の前置詞 from を用いる。

Exercises 解答・解説 P.29

1 (1) seen, to, enter
(2) was, named, Pochi

解説 (1)「私たちは彼が部屋に入るのを見た。」
「彼は私たちによって部屋に入るのを見られた。」
We saw him enter the room.
S V O C（原形不定詞）
受動態にするとき, 第5文型(S＋V＋O＋C) の C（目的格補語）が原形不定詞の場合, 原形不定詞を[to＋動詞の原形]にする。

(2)「彼らはその犬をポチと名付けた。」
「その犬は彼らによってポチと名付けられた。」
They named the dog Pochi.
S V O C

2 (1) of (2) to (3) with (4) with

解説 (1)「その机は木で作られている。」
材質が変化していない場合 be made of
材質が変化している場合 be made from

(2)「彼は多くの人々に知られている。」 be known to「～に知られている」

(3)「彼女はプレゼントに喜んだ。」
be pleased with（物・人）, be pleased about（事柄）, be pleased at（動名詞・見たり聞いたりしたこと）

(4)「この国の人々の大部分が国王に満足している。」 be satisfied with「～に満足している」

3 (1)㋑ (2)㋒ (3)㋑

解説 (1)「私は1時間以上待たされた。」
They(S) made(V) me(O) wait(C（原形不定詞）) for over an hour. → I was made to wait for over an hour.（by them は省略）

(2)「イラストはその本には含まれていないでしょう。」
by ～は省略されている。be included in ～「～に含まれる」

(3)「ジョージは生まれた時からずっと祖父母に育てられている。」
現在完了の受動態。
take care of「～を世話する」 受動態にするとき, 熟語は1つの動詞として扱う。

4 (1) The electric light was invented by Thomas Edison.
(2) Let the window be opened at once.

解説 (1)「トーマス・エジソンは電灯を発明した」→「電灯はトーマス・エジソンによって発明された」

(2) 命令文の受動態。文語でのみ用いる。

5 (1)㋓ (2)㋒ (3)㋓ (4)㋑

解説 (1)「彼はすべての同級生に笑われた。」
All his classmates(S) laughed at(V) him(O). laugh at を1つの動詞として扱う。

(2)「とても激しく雨が降っていたが, 私は父によって行かされた。」
My father(S) made(V) me(O) go(C) C が原形不定詞なので to go になる。

(3)「その劇場は 1973 年に創設され, 1990 年に再建された。」
found「～を創設する」 found は規則動詞である。

(4)「彼は健康プログラムの進行の遅れに失望していた。」
be disappointed at ～「～に失望している」

復習問題 ❷ (pp.30～31)

〈標準編〉

1 (1) enter (2) cross (3) to be (4) not to be
(5) for (6) of (7) that (8) in order

解説 (1)[使役動詞(let)＋O(him)＋原形不定詞(enter)]

(2)[知覚動詞(saw)＋O(her)＋原形不定詞(cross)]

(3) seems to be ～「～であるようだ」

(4)否定の不定詞は not to be。
(5)[It is＋形容詞＋for＋不定詞の意味上の主語＋to ～.]
(6)[It is＋人の性格を表す形容詞(kind)＋of＋不定詞の意味上の主語＋to ～.]
(7) so ... that ～「たいへん…なので～」
(8) in order to ～「～するために」

2 (1) going (2) to visit (3) to play (4) to close (5) showing

解説 (1) Do you mind ～ing ?「～してくれませんか」
(2) hopes to ～「～したいと思っている」
(3) wanted to ～「～したかった」
(4) forget to ～「～するのを忘れる」
(5)[insisted on＋人(me)＋～ing]「私に～せよと言い張った」

3 (1) any (2) as〔so〕 (3) not (4) more (5) to

解説 (1)[比較級＋than any other＋単数名詞]「他のどの(単数名詞)よりも～」の意味。比較級を用いた最上級の表現(「～がいちばんだ」)。
(2)[Nothing is as＋原級＋as ～]「～ほど…なものはない」
(3)[not so＋原級＋as]「～ほど…ではない」
(4)[The＋比較級＋A, the＋比較級＋B]「Aすればするほどますます B になる」
(5)[A is superior to B]「A は B にまさる」

4 (1) spoken (2) discovered (3) played (4) called (5) in

解説 (1) The language spoken in ～「～で話されている言語」
(2)「だれによってこの島は発見されましたか。」疑問詞で始まる受動態の文。[疑問詞＋be 動詞＋主語＋過去分詞＋by ～ ?]
(3)「そのポップミュージックは彼女のギターによって演奏された。」
受動態の文。[be 動詞＋過去分詞＋by ～]
(4)「彼女は『眠れる森の美女』と呼ばれる女性でした。」 the lady called ～「～と呼ばれる女性」
(5)「ローマは１日にして成らず。」(ことわざ)
in a day「１日で」

〈実戦編〉

1 (1)ウ (2)ア (3)ウ (4)ウ (5)イ (6)ア (7)ウ (8)エ

解説 (1)「私のためにドアを開けてくれませんか。」 Would you mind ～ing ?「(どうか)～してくれませんか」
(2)「もう手紙を書き終わりましたか。」
finish ～ing「～し終える」
(3)「私は彼がパーティーに来ないと確信しています。」 [I am sure of＋所有格＋～ing]「私は—が～すると確信している」 動名詞の否定は, [not＋～ing] 例 going → not going
(4)「看護師は子どもたちを動物園に連れて行くように提案した。」 suggest ～ing「～するように提案する」
(5)「彼は私たちを助けることに同意した。」
agree to ～〔to ～ing〕「～することを認める」, [agree with＋名詞]「～と意見が一致する」
(6)「先生はとても怒ったのでその生徒に部屋に入らせないことを決めた。」
decide to ～「～することを決める」, allow 人 to ～「人に～させておく」, allow ～ing「～することを許す」 不定詞の否定は, not to ～。 例 to go → not to go
(7)「私の兄〔弟〕は目を閉じてソファに座っています。」 基本的には, [with＋人＋～ing] または[with＋物＋過去分詞]。
(8)「彼女は私の忠告に従わなかったことを後悔した。」 regret ～ing「～したことを後悔する, 残念に思う」, take〔follow〕 one's advice「～の忠告に従う」

2 (1)ウ (2)イ (3)ウ

解説 (1)「私に自己紹介させてください。」
[let＋人＋動詞の原形]「人に～させる」(許可を与える)
(2)「あなたは部屋を今すぐ, それとも後で掃除してほしいですか。」Would you like to ～ ?「～してほしいですか」, [have＋物＋過去分詞]「物を～してもらう」
(3)「私の姉〔妹〕はきのう買い物をしている間に財布を盗まれた。」 [have＋物＋過去分詞]「物を～される」

3 (1)ア (2)ウ

解説 (1)「彼の娘は私の娘よりも３歳若い。」
His daughter is <u>three years</u> younger than mine.
＝His daughter is younger than mine <u>by three years</u>.
(2)「私はあなたと同様にこの話題に興味を持っていません。」 no more A than B「B(がそうでない)と同様に A でない」

⑭ 名詞・冠詞 (pp.32〜33)

アドバイス
▶集合名詞
[単数扱い] 全体を1つとして扱う。
My family is large.（私の家族は大家族です。）
[複数扱い] 各部の集合として扱う。
My family are busy today.（私の家族は今日は忙しい。）

Pre-test 解答・解説 P.32

1. (1)集合名詞 (2)抽象名詞 (3)固有名詞 (4)物質名詞 (5)普通名詞 (6)物質名詞

解説 (1) people「人々」→人の集合体
(2) kindness「やさしさ」→感情
(3) China「中国」→国名
(4) bread「パン」→食べ物
(5) bicycle「自転車」→共通した形をもつ物の名
(6) coffee「コーヒー」→飲み物

2. (1) the, × (2) The, a

解説 (1)「その雑誌をとってください」 呼びかけの Mom「母さん」には冠詞はつけない。
(2)「地球」は唯一のものなので the をつける。once a year「1年につき1度」

Exercises 解答・解説 P.33

1 (1) cities (2) potatoes (3) photos (4) oxen (5) leaves (6) roofs (7) children (8) geese (9) fish

解説 (1)[子音字+y]語尾の y を i に変えて +es
(2)[o+es]potato → potatoes
(3)[o+es]の例外 photo → photos
(4)[不規則変化の名詞]語尾に+en
(5)[語尾の f] f を v に変えて+es
(6)[語尾の f]の例外 roof → roofs
(7)[不規則変化の名詞]child → children
(8)[不規則変化の名詞]goose → geese
(9)[単数，複数同形の名詞]fish → fish

2 (1) teeth (2) worst (3) laid (4) truth

解説 (1) knife「ナイフ」(単数)：knives(複数)，tooth「歯」
(2) good「良い」(原級)：best(最上級)，ill「(病気が)悪い」
(3) lie「横になる」(原形)：lay(過去形)，lay「横にする」
(4) economic「経済の」(形容詞)：economy「経済」(名詞)，true「本当の」

3 (1) is (2) are (3) much (4) has

解説 (1)「彼の家族は大家族です。」
a large one (=family) が単数である。
(2)「彼の家族はみんな早起きです。」
all early risers が複数である。
(3)「日本ではたくさん雪が降ります。」
snow は不可算名詞。
(4)「私たちはそれぞれホテルの2階に部屋をとっています。」 Each of us は，each が主語なので has。We each の場合は，We が主語なので have になる。

4 (1) poverty (2) happiness (3) freedom (4) height (5) knowledge (6) belief (7) application (8) addition (9) arrival

5 (1) useful (2) naturally (3) very carefully

解説 (1)[of+抽象名詞=形容詞]「有益な」
of use=useful
(2)「生まれつき」by nature=naturally
(3)[with+抽象名詞=副詞]「非常に注意深く」
with much care=very carefully

6 (1) a (2) The (3) so clever a (4) an (5) in

解説 (1)[a=per]「〜につき」，a week「1週間につき」
(2)[the+形容詞]「〜の人々」，the rich「金持ちの人々」
(3)[so+形容詞+a+名詞]「とても〜な…」，so clever a student「とても賢い生徒」
(4)[a+有名人の名前]「〜のような人」，an Edison「エジソンのような人」
(5)交通手段はふつう by を用いる。by car「車で」。しかし，冠詞や所有格などがつくと by 以外の前置詞を用いることがある。

⑮ 代名詞 ① (pp.34〜35)

アドバイス

▶人称代名詞の格変化	：彼女	彼
主格(〜は)	：she	he
所有格(〜の)	：her	his
目的格(〜に，を)	：her	him
所有代名詞(〜のもの)	：hers	his
再帰代名詞(〜自身)	：herself	himself

Pre-test 解答・解説 P.34

1. (1) him (2) mine

解説 (1)動詞(see)の後は目的格(him)。
(2)[a＋名詞＋of＋所有代名詞]
a bag of mine「私のバッグの1つ」＝one of my bags

2. (1) those (2) Whose

解説 (1)前に出た複数形の名詞 manners のくり返しを避けるため，those of を用いる。
(2) hers と所有代名詞で答えているため，所有格 Whose を選ぶ。

Exercises 解答・解説 ――― P.35

1 (1) hers (2) his (3) They (4) he (5) her

解説 (1) my sister's → hers(所有代名詞)
(2)所有格「～の」(his father's) → his
(4) than＋主格(Ken) → he(口語では目的格と考えて him も可)
(5)前置詞の後は目的格(his mother) → her

2 (1)㊁ (2)㋐ (3)㋑ (4)㋑

解説 (1)「その家政婦が午後の間ずっと居間のテーブルや棚を掃除したので，今やそれらは家具の光沢剤でピカピカに光っている。」
等位接続詞 and の働きから，文が後続すると判断できる。
(2)「私は旧友の1人からEメールを受け取った。」
名詞に a〔an〕がついているので，of＋所有代名詞を用いる。
(3) A「今までにコアラを見たことがありますか。」
B「はい，何年か前オーストラリアで見ました。」
it, that, this はどのコアラかはっきりしているが，one は a koala bear のことで，漠然と「コアラ」というものを見た，という意味になる。
(4)「私の中国語は通じません。」
make oneself understood 「自分の言いたいことを理解してもらう」この understood は過去分詞。

3 (1) hers (2) by myself (3) That (4) that (5) those

解説 (1)[名詞＋of＋所有代名詞] the dress of hers「彼女のそのドレス」
(2) by myself「ひとりで」
(3)前に出た文を示す指示代名詞は That。
(4)前に出た名詞のくり返しを避けるので that。
(5)前に出た複数の名詞を示すのは those。

4 (1) Which→What (2) I→me (3) herself→itself (4) one→it (5) it→this

解説 (1)「イベントの順番で次に来るのは何か。」疑問代名詞は what を用いる。
(2)前置詞 between の後は目的格。
(3)[抽象名詞＋itself]「まさに～そのもの」＝[very「まさに」＋形容詞]とも書きかえられる。「彼女の話はまさに単純そのものでした。」＝Her story was very simple.
(4)前に出てきた the book は it で受ける。
(5)後に出てくる文を示すのは this。

⑯ 代名詞 ② (pp.36～37)

アドバイス
▶ all には[単数扱い]と[複数扱い]がある。
[単数扱い]
All we need is love. 「私たちに必要なすべてのものは愛だ。」
[複数扱い]
All are happy in our class. 「私たちのクラスではみんな楽しくやっている。」
▶強調構文：It is ...(強調する語句) that ～.
「～するのは…だ」
人を強調するときは，that のほかに who も用いられる。

Pre-test 解答・解説 ――― P.36

1. (1) ones (2) Both (3) another

解説 (1) ones は，前の不特定の名詞(複数)をくり返すときに用いる。ones＝shoes
(2)「これら2つの両方」Both of these two
(3)「もう1杯の～」another cup of ～

2. (1)形式主語 (2)強調構文 (3)形式目的語

解説 (1)[It ～ to＋動詞(…)]「…することは～だ」 It＝形式主語(文の主語)。
(2) It is ～ that ...「…するのは～だ」強調する語句を～部分に置く。
(3)形式的に目的語になる it。to ～が実際の目的語。

Exercises 解答・解説 ――― P.37

1 (1)㋑ (2)㊁ (3)㊁

解説 (1)「私はバスに傘を置き忘れた。傘を買わなければならない。」 one＝a (new) umbrella のこと。
(2)「すべての人がその映画スターの周りを囲

んだ。」 every man →「どの人も」普通は everyone を用いる，each of the men →「めいめいの人は，その男たちのそれぞれが」

(3)「めいめいの生徒が手を挙げた。」 his hand の his につながる語は every，each である。[every＋単数名詞] [each of 複数名詞]

2 (1)㋑ (2)㋑ (3)㋑

解説 (1)「彼女の両親は来月外国へ行きます。」both は所有格の前に置く。

(2)「ここに２つのおもちゃがあります。あなたはどちらか一方を選んでいいです。」 either「(２つのうち) どちらか一方の」

(3)「２つのカメラのどちらもよい写真が撮れない。レンズを磨く必要がある。」

3 (1)㋓ (2)㋒ (3)㋑

解説 (1)「トムはちょっとした音楽家です。」 something of a ～「ちょっとした，かなりの～」

(2)「彼は陰でいつも他人の悪口を言っている。」 behind their backs から空所には複数を表す others が入る。speak ill of ～「～の悪口を言う」

(3)「私はめがねをなくしました。だから新しいのを買うつもりです。」 glasses は複数なので ones が入る。

4 (1)㋓ (2)㋒ (3)㋐

解説 (1)「ここに４枚カードがあります。１枚は赤で他のカードはすべて緑です。」
one ～ the other は２つを比べる。one ～ the others は３つ以上を比べる。 some ～ others ... は「～するものもあれば…するものもある」

(2)「私には２人兄弟がいます。１人は消防士で，もう１人は警官です。」
one ～ the other は２つを比べる。

(3)「私たちは３匹犬を飼っています。１匹は黒で，残りは白です。」
one ～ the others は３つ以上を比べる。

5 (1) careless，of (2) this，guitar，that

解説 (1)[It is〔was〕＋性格を表す形容詞＋of＋人＋to ...] It＝形式主語

(2)[It is〔was〕＋強調する語句＋that ～.] 強調構文。

⑰ 前置詞 (*pp*.38～39)

アドバイス
▶前置詞：単独では用いられない。
前置詞の形：「前置詞＋名詞〔代名詞〕」
前置詞の目的語：前置詞の後の名詞〔代名詞〕。

Pre-test 解答・解説 P.38

1. (1) on (2) in

解説 (1)[on＋○月△日] on July 5「7月5日に」 (2)[in＋年] in 1980「1980年に」

2. (1) going (2) of

解説 (1) for the purpose of ～「～する目的で」 (2) instead of ～「～のかわりに」

Exercises 解答・解説 P.39

1 (1)㋒ (2)㋑ (3)㋓ (4)㋓ (5)㋒

解説 (1)〔群前置詞〕in case of「～の場合には」

(2)〔場所〕in＋場所「～で」

(3)〔時〕until＋時「～まで」動作の継続を表す。

(4)〔時〕in＋年「～年に」
〔時〕on＋日付「～月～日に」
〔場所〕in＋広い場所「～に，～で」

(5)〔時〕by＋日時「～までに」

2 (1)㋒ (2)㋓ (3)㋑ (4)㋐ (5)㋑

解説 (1)「彼女は金持ちと結婚した。」
marry＝get married to「～と結婚する」
be married to「～と結婚している」

(2)「トムの考えは私のに似ていた。」
be similar to ～「～に似ている」

(3)「私はコンサートに行くより家にいるほうが好きです。」 prefer A(～ing) to B(～ing)「Bすることよりも Aすることのほうが好きだ」

(4)「国はより低い成長率に戻らなければならないかもしれない。」 return to ～「～に戻る」

(5)「なぜ私の後をつけてくるの。」 What ～ for? ＝ Why ～?

3 (1)㋒ (2)㋓ (3)㋓ (4)㋓

解説 (1)「何時頃駅に着きましたか。」 get to the station＝arrive at the station＝reach the station，gain「得る，増す，進む」

(2)「彼はペーパーナイフで封筒を開けた。」
with は道具・手段を表す。

(3)「私は10分で帰るつもりです。」
at「～時に」，after「～後に」，before「～前に」，in「～後に，～たてば」

(4)「その喫茶店は7時30分に開いて，10時まで朝ごはんが出されます。」 within「以内に」, by「までに」, for「の間」, till「まで」

⑱ 接続詞 (pp.40～41)

アドバイス
▶形容詞節：関係詞（関係代名詞や関係副詞）に導かれる節（S + V～）。
注 関係詞以下が前の名詞（先行詞）を修飾するので形容詞節という。

Pre-test 解答・解説 P.40

1. (1) or (2) or

解説 (1) a dog or a cat「犬かそれともねこ」
(2) either English or German「英語かドイツ語のどちらか」

2. (1) if (2) comes

解説 (1)「明日は雨かしら。」 I wonder if「～かしら」
(2)時を表す副詞節の中の未来は現在形で表す。

Exercises 解答・解説 P.41

1 (1) or (2) is (3) am (4) but, so (5) that

解説 (1)「急ぎなさい，さもなければ学校に遅れますよ。」
命令文～, and 「～しなさい，そうすれば」
命令文～, or 「～しなさい，さもないと」
(2)「あなたと彼女のどちらかが間違っている。」
either A or B →動詞はBに合わせる
(3)「あなたと私のどちらも間違っていない。」
neither A nor B →動詞はBに合わせる
(4)「彼らはゴルフをしたかったが，雨が降っていた。それでその代わりに映画に行った。」
等位接続詞を用いて結んだ文。
(5)「問題は私がお金を持っていないことだ。」
The trouble is that「問題は～ということだ」
if「～かどうか」= whether

2 (1)イ (2)イ (3)イ (4)イ

解説 (1)「それなら，ジャックかティムがうそを言っている。」［either A or B］動詞はBに合わせる
(2)「その時計はこわれているか新しい電池が必要かのどちらかです。」
(3)「私と同様にトムもその問題を知らない。」
［A as well as B］動詞はAに合わせる
(4)「その男は頭はよいが，思いやりがなかった。」
but (he was) unkind

3 (1)ア (2)エ (3)イ (4)エ

解説 (1)「私が家に着くとすぐに，雨が降り始めた。」
［The moment S + V ～, S' + V'... .］「～するとすぐに，…する」
［No sooner V + S ～ than S' + V'... .］「～するとすぐに，…する」
(2)「もし明日雨が降ったら，私は家にいます。」
［If S + V（現在形）～，S' + will + V'... .］「もし～したら（仮定法ではなく条件文）」
(3)「私がオーストラリアに住んでいた間，シャワーを浴びるのが最も大きな問題だった。」
after「～後に」, during は前置詞，therefore は副詞。
(4)「試合が始まるとすぐに，雨が降り始めた。」
［No sooner V + S ～ than S' + V'... .］「～するとすぐに，…する」, unless「もし～でなかったら」

4 (1)イ (2)イ

解説 (1)「静かにしてさえいれば，あなたはここにいられます。」
as〔so〕long as ～「～する限り，～さえすれば」
(2)「とてもよい映画なので，見逃してはいけない。」
［so 形容詞 + a + 名詞 that］「とても～なので，—である」（a の位置に注意）

⑲ 関係詞 ① (pp.42～43)

アドバイス
▶関係詞：関係代名詞，関係副詞のこと。
▶関係代名詞の働き：先行詞を修飾する（説明する）働きをする。
▶関係代名詞の形：［先行詞（名詞）+ 関係代名詞］
▶関係代名詞のある文：
①［S + V + 先行詞 + 関係代名詞（主格）+ V' ～］
②［S + V + 先行詞 + 関係代名詞（所有格）+ 名詞 + V' ～］
③［S + V + 先行詞 + 関係代名詞（目的格）+ S' + V' ～］

Pre-test 解答・解説 P.42

1. (1) who (2) which

解説 (1)［先行詞（人）+ 関係代名詞（主格）+ V ～］
the woman <u>who</u> can ski「スキーができる女性」

(2)[先行詞(物)＋関係代名詞(目的格)＋S'＋V' 〜]
a radio which I bought「私が買ったラジオ」

2. (1) whose (2) that

解説 (1)[先行詞(人)＋関係代名詞(所有格)＋名詞＋V' 〜]
the girl whose hair is 〜「髪の毛が〜な少女」
(2)先行詞の名詞に最上級の形容詞がついている。
the tallest woman that I have ever seen「私が今まで見たことがある中で，いちばん背の高い女性」

Exercises 解答・解説 ——— P.43

1 (1) that (2) who (3) that (4) who (5) who

解説 (1)「トムは私が知っている中でいちばんお金持ちの男です。」[the 最上級＋名詞] のとき，関係代名詞は that を好んで用いる。
(2)「彼女はこの近くに住んでいる看護師です。」a nurse(先行詞)，lives が動詞なので関係代名詞は主格を用いる。
(3)「あなたは私が捜していたまさにその人です。」[the very＋名詞](まさにその〜)のとき，関係代名詞は that を好んで用いる。
(4)「私は女優であると思った女性に会った。」I thought she (＝a woman) was an actress と考えて she→who にする。
(5)「この地帯により長く過ごしている人々がいます。」those who「〜する人々」

2 (1) That is the college which〔that〕was established in 1835.
(2) This is the house in which he lived in his childhood.

解説 (1)先行詞となる語は college。college＝It なので it をとり，関係代名詞 which を置く。
[先行詞(物)＋関係代名詞(主格)＋V' 〜]
college which was established in 〜「〜に創設された大学」
(2)先行詞となる語は house。house＝it なので it をとり，[in which＋関係代名詞(目的格)] を置く。
[先行詞(物)＋前置詞＋関係代名詞(目的格)＋S'＋V' 〜] house in which he lived「彼が住んでいた家」

3 (1)重力は地球の中心に向かって物を引っ張る力です。
(2)彼は，あなたを助けられると私が信じる男の人です。
(3)私たちはその女性のダイヤの指輪を家中捜してあげて，彼女を落ち着かせようと努めました。

解説 (1) the force that pulls things toward 〜「〜のほうへ物を引っ張る力」
(2) the man who I believe 〜「私が〜と信じる男の人」
(3) the lady whose diamond ring we looked for「私たちが捜した女性のダイヤの指輪」

4 (1)㋑ (2)㋒ (3)㋒ (4)㋒ (5)㋓

解説 (1)「ちくしょう！財布を入れたバッグが見つからない。」
I put my wallet in the bag と考える。in the bag→in which にする。
darn→damn の遠回しの語(ちくしょう！ちぇっ！)
(2)「スミス氏は私たちが情報を得たまさにその人です。」
We got the information from him と考える。
from him→from whom
(3)「コーチはチームの勝利を促した選手たちの努力を称賛した。」
the players' efforts had helped the team win と考える。the players'→whose
(4)「警察はその車が走っている速度を測った。」
the car was traveling at the speed と考える。
at the speed→at which
(5)「彼が話している女性は，彼の秘書です。」
he's talking to the woman と考える。
the woman→whom

⑳ 関係詞 ②　(pp.44〜45)

アドバイス
関係副詞の働き：先行詞を説明する。
関係副詞の形：[先行詞（名詞）＋関係副詞]
①先行詞（場所を表す語）＋関係副詞（where）
②先行詞（時を表す語）＋関係副詞（when）
③先行詞（理由を表す語）＋関係副詞（why）
④先行詞（方法）は省略される＋関係副詞（how）

Pre-test 解答・解説 ——— P.44

1. (1) what (2) which

解説 (1) what は先行詞を含んだ関係代名詞。
what「〜すること」，what I said to her「私が彼女に言ったこと」

(2) that に非制限用法はない。

2. (1) where (2) why

解説 (1)先行詞が場所を表す語句 the place (場所)なので，関係副詞は where。

(2)先行詞が理由を表す語句 the reason (理由) なので，関係副詞は why。

Exercises 解答・解説 ―――――― P.45

1 (1) which (2) whoever (3) when (4) which

解説 (1)「ニューヨークは私が訪れたいと思っている都市です。」 I have wanted to visit the city と考える。visit は他動詞。the city→which

(2)「彼は助けが必要である人はだれでも助けます。」 後ろに動詞の is があるので，主格の whoever を用いる。whomever は目的格。

(3)「あなたがそれを理解する時が来るでしょう。」

A time が先行詞。you will understand it at the time と考える。 at the time→when

(4)「私の家族はニューヨークに住んでいて，そこは自由の女神像で有名です。」

先行詞は New York なので，which。

2 (1) why (2) who (3) where (4) whoever

解説 (1)「これが私がここに来た理由です。」 先行詞が reason なので関係副詞の why を用いる。

(2)「私はトムに会ったが，彼はガールフレンドと歩いていた。」

Tom が先行詞，walked が動詞なので主格の who を用いる。(非制限用法)

(3)「これは私が住みたい場所です。」

the place が先行詞なので，関係副詞の where を用いる。

(4)「このカバンを欲しい人にはだれにでもあげなさい。」

3 (1)㋑ (2)㋐ (3)㋓ (4)㋑

解説 (1)「この町はとても変わってしまっている。それはかつてのそれとはちがいます。」 what it used to be[was]「以前の～」 it＝this town

(2)「その町は私がもっと早い時期に訪ねた時とは様子が違っていた。」

先行詞がないので先行詞を含む関係代名詞 what を用いる。

(3)「生徒が知る必要があることは，学校案内に書かれています。」

先行詞がないので先行詞を含む関係代名詞 what を用いる。

(4)「どんな事が起こっても，忘れずに両親に電話をしなさい。」主格があるのは whatever か whoever である。whatever「何があっても」，whoever「だれが～しても」

4 (1)㋐ (2)㋓ (3)㋐

解説 (1)「今日のパリは 20 年前のパリと全く違っている。」 be different from ～「～と違っている」 先行詞を含む関係代名詞 what を用いる。

(2)「デビッドはその出来事に何の関係もないと言ったが，そのことは信じられない。」

have nothing to do with「～と何の関係もない」 he had ～ the incident までを先行詞として受ける関係代名詞 which。

(3)「初期の文明のほとんどは，食物を栽培できた大河流域で始まった。」

関係副詞 where 以下が large river basins を修飾している。

復習問題 ❸ (pp.46～47)

〈標準編〉

1 (1) It (2) of (3) that (4) It

解説 (1) It ... to ～「～することは，…」(It は形式主語)

(2)[It is＋性質を表す語＋of ―＋ to ～](形式主語)

(3) It was ... that ～「～したのは，…でした」(強調構文)

(4)天候を述べる文の主語の it。

2 (1) on (2) in (3) on (4) in (5) of

解説 (1) on the wall「壁にかかっている」

(2)[in＋広い場所]「～で」

(3)[on＋◯月□日]「◯月□日に」

(4)[in＋◯年]「◯年に」

(5) in spite of ～「～にもかかわらず」

3 (1) or (2) or (3) that (4) not only (5) where

解説 (1) A or B「A それとも B」

(2) either A or B「A か B かどちらか」

(3)[I think that＋主語＋動詞]「～と思う」

(4) not only A but (also) B「A ばかりでなく B も」

(5)[know where＋主語＋動詞]「どこの～か知っている」の否定文。

4 (1) who (2) that (3) whose (4) whom
(5) in which

解説 (1) the man（人）+ who（主格）+ 動詞「～する人」

(2)［the best book（物）+ that（目的格）+ 現在完了］の文。「今までに読んだ最良の本」先行詞に最上級の形容詞がついている。

(3) Do you know the house ? と Its roof is blue. の２つの文を所有格の関係代名詞 whose で結んだ文。Its roof → whose roof

(4)［A lady（人）+ whom（目的格）+ I（主語）+ met（動詞）］「私が会った女性」

(5)［the city（場所）+ in which（先行詞が場所）+ I（主語）+ was born（動詞）］「私が生まれた都市」

5 (1) what (2) which (3) whenever
(4) why (5) Wherever

解説 (1) is の後に先行詞がない。先行詞を含む関係代名詞は what。

(2)［DVD（物），+ which（目的格）+ I（私）+ bought（買った）］ 関係代名詞の非制限用法。

(3) whenever she wants to sing it「それを歌いたいときはいつでも，～」

(4) is の後に先行詞がない。what は先行詞を含む関係代名詞，why や how は先行詞を省略できる関係副詞。「これが彼女が学校に遅れた理由です。」the reason が省略されている。

(5) Wherever you are,「たとえ，あなたがどこにいようとも」

〈実戦編〉

1 (1)ウ (2)イ (3)イ (4)エ (5)ウ (6)エ

解説 (1)「だれも私を助けてくれようとはしなかった。それで私はひとりで働かなくてはならなかった。」 by oneself → 主語が「I」なので，by myself になる。

(2)「私に忠告してください。」 advice は数えられない名詞（不加算名詞）なので，an はつかない。また，複数形にならない（advices は不可）。advise は動詞。

(3)「その本を読み終わったら，それをテーブルの横に置いておきましょう。」 前置詞 beside「～の横に」，aside（副詞）「横に」，besides（副詞）「さらに」，side（名詞）「側」

(4)「５人の子どものうち，１人は東京にいて，残りは福岡にいる。」 ３人以上は one ～, the others ... を用いる。

(5)「彼らのうちどちらかがまだ駅に到着していません。」動詞が has not arrived なので，主語は単数。

(6) A「ほかに何かございませんか。」
B「はい，もう２つハンバーガーをください。」
［another + 単数名詞］「もう１つの～」

2 (1)ア (2)ウ (3)ウ (4)イ (5)ア (6)エ

解説 (1)「私は20年以上も前から彼女を知っています。」 現在完了の継続「～から―しています」の「～から」は for か since を用いる。
for の後ろには数字がくる。

(2)「ティムはたくさん昼ご飯を食べたので眠りに落ちた。」
［so + 形容詞 + a + 名詞］→ so big a lunch
［such + a + 形容詞 + 名詞］→ such a big lunch

(3)「あなたはメガネなしで運転することにはなっていません。」 be supposed to「～することになっている」「メガネをかけないで」は，［without + 物 + <u>過去分詞</u>］なので，過去分詞の worn か had on か put on を用いる。

(4)「この船は市のすべての人々のためにあります。乗船したい人はだれでも歓迎します。」
主語になる複合関係詞は whoever。

(5)「その新しいビルは2014年までに完成する予定ですが，広大な空地に建設されるでしょう。」 非制限用法の関係代名詞 which を用いる。

(6)「私がこの春故郷を訪れたとき，故郷が子どものときのそれと全く違っているのに気がついた。」［what S + V（過去形）］「以前の…」関係代名詞 what に含まれている先行詞は the town。

21 仮定法 ① (pp.48～49)

アドバイス

▶仮定法過去：動詞の過去形を用いて，現在の事実に反する仮定や願望を表す。
［If + 主語 + 動詞の過去形 ～，主語 + 助動詞の過去形 + 動詞の原形］「もし（今）～ならば」
［I wish + 主語 + 動詞の過去形 ～］
「～ならいいのに」

▶仮定法過去完了：過去完了形を用いて，過去の事実に反する仮定や願望を表す。
［If + 主語 + had + 過去分詞 ～，主語 + 助動詞の過去形 + have + 過去分詞］
「もし（あのとき）～だったならば」
［I wish + 主語 + had + 過去分詞 ～］
「～だったらよかったのに」

Pre-test 解答・解説 P.48

1. (1) knew (2) had been

解説 (1)[仮定法過去]主節の動詞が[助動詞の過去形＋動詞の原形 could write]なので，if を含む節の動詞は過去形 knew。「もし彼女の住所を知っていたら，彼女に手紙を書くことができるのに。」

(2)[仮定法過去完了]主節の動詞が could have helped なので，if 節の動詞は過去完了 had been。「もし私がそこにいたら，あなたの手伝いができたのに。」

2. (1) comes (2) had stayed

解説 (1) if 節は可能性が十分にある条件を表しているので，仮定法は用いない。「もし彼が明日ここに来たら，あなたは彼に会えます。」

(2)[仮定法過去完了](過去の願望)過去を表す語 yesterday「昨日」があるので，動詞は過去完了 had stayed を用いる。「昨日そこにいればよかったのに。」

Exercises 解答・解説 P.49

1 (1)㋑ (2)㋑ (3)㋒ (4)㋐

解説 (1)「どの子どもも朝ごはんを食べる必要があります。」
[It is 勧告・要求・願望を表す形容詞(necessary・essential など) that S＋(should)＋V(動詞の原形)]の形。

(2)「もしよく眠ったならば，今そんなに眠くないでしょうに。」
had slept なので仮定法過去完了を用いて would not have been とするところだが，now があるので仮定法過去を用いて would not be ～となる。

(3)「もし万一外国に行くとしたら，フランスに行くでしょう。」
仮定法未来[If S＋were to＋V ～, S＋would＋V ... .]の形。

(4)「もし急いだら，あなたは時間に間に合うでしょう。」
条件文の副詞節(直説法現在)[If S＋V(現在形)～, S＋will＋V ... .]の形。

2 (1)㋐ (2)㋓ (3)㋐ (4)㋐ (5)㋓

解説 (1)「万一何かほかに質問があれば，ためらわずに私たちに連絡してください。」
[If S＋should＋動詞の原形～，命令文]の形で，実現の可能性が少ない仮定を表す。

(2)「もし彼が病気でないならば，彼は来るでしょう。」
As 以下が現在の文なので，現在の事実に反する仮定の仮定法過去を用いる。

(3)「もしもっと練習するなら，本当にピアノを弾けるようになるでしょう。」
仮定法過去[S＋could＋V ...，if S＋V(過去形)～.]の形。

(4)「もし海外でその絵を売っていたら，もっとたくさんお金を得られただろうに。」
could have gotten から仮定法過去完了になるので，had sold になる。
[S＋could＋have＋過去分詞 ... if S＋had＋過去分詞～.]

(5)「もしあの時あなたが私を助けてくれていたら，私は成功したはずなのに。」
仮定法過去完了 should have を用いる。

3 (1)㋓ (2)㋒ (3)㋓ (4)㋐ (5)㋐

解説 (1)「私は彼女が昼食後に美術館を訪れるよう提案した。」[S＋V(提案・要求・命令を表す動詞 demand，order，propose，suggest など) that S＋(should)＋V(動詞の原形)]

(2)「あなたはたくさん休養をとる必要があります。」[It is necessary that S＋(should)＋V(動詞の原形)～.]
→[It is necessary＋for S(目的格)＋to V(動詞の原形)～.]

(3)「大統領はすぐにその計画を実行するように提案した。」[S＋V(提案・要求・命令を表す動詞 demand，order，propose，suggest など) that S＋(should)＋V(動詞の原形)～.]の形。

(4)「あの時金持ちだったらよかったのになあ。」
at that time は過去を表すので，仮定法過去完了を用いる。
[I wish S＋had＋過去分詞～.]の形。

(5)「もう少し長くここにいられたらいいのに。」
仮定法過去。

22 仮定法 ② (pp.50～51)

アドバイス
▶ if が省略された文は V＋S の語順になる。
[V＋S ～.]＋[主節(S＋V)～.]

Pre-test 解答・解説 P.50

1. (1) were (2) got

解説 (1)[as if＋仮定法過去]as ifの後は過去形。
(2)[It is high time ～＋仮定法過去]

2. (1) Without (2) If

解説 (1) Without his idleness「彼のなまけぐせがなかったら」
(2) If you get up early「もし早く起きれば」

Exercises 解答・解説 P.51

1 (1)ウ (2)ウ (3)ウ (4)エ

解説 (1)「もし音楽がなければ，ストレスをどうやって取り除くのか，私にはわかりません。」
If it were not for ～のifを省略すると，were it not for ～で「もし～がなければ」を表す。
(2)「万一何か質問があれば，私たちのオフィスに電話してください。」
実現の可能性が少ない仮定法未来[If S＋should〔were to〕＋V ～，命令文]→ifを省略＝[Should＋S＋V ～，命令文]
(3)「ギンズバーグ氏は，彼がまるでそのプロジェクトの管理者であるかのように話す。」
仮定法過去か仮定法過去完了を用いる。仮定法過去「まるで～であるかのように」[S＋V as if S＋V(過去形)～.] 仮定法過去完了のときはhad beenを用いる。
(4)「起きなさい。さあ，あなたは学校に行く時間です。」
仮定法過去「もう〔さあ〕～する時間です」[It is (high, about) time S＋V(過去形)～.]

2 (1) got (2) With (3) been (4) unless

解説 (1)「もう起きてもいい時間です。」
[It is time S＋V(過去形)～.]＝[It is time for S(目的格) to V ～.]
(2)「もうひと頑張りしなさい。そうすればそれを終えるでしょう。」
「もしもうひと頑張りしたら，それを終えるでしょう。」
with「もし～があれば，したら」
(3)「彼女の助けがあったから，彼は1等賞をとった。」「もしあなたの助けがなかったら，私は1等賞を逃していたでしょう。」
[S＋V ～ because of ...]＝[If it had not been ..., S＋would＋V(have＋過去分詞)～.]
(4)「もし急がなければ，電車に乗り遅れるでしょう。」
unless＝if ～ not「もし～しないなら」

3 (1)イ (2)イ (3)イ (4)ア (5)エ

解説 (1)「彼女は率直にそして気楽にいつも私を知っていたかのように話をした。」
仮定法過去[S＋V as if S＋V(過去形)～.]
仮定法過去完了[S＋V as if S＋V過去完了(had＋過去分詞)～.]のどちらかを用いる。
(2)「もう，子どもは寝る時間です。」
仮定法過去[It is (high, about) time S＋V(過去形)～.]
(3)「そろそろ彼は勉強するために海外へ行ってもいいころだ。」
仮定法過去[It is (high, about) time S＋V(過去形)～.]
(4)「娘の突然の病気がなかったら，私たちは先週ロンドンに旅行に行くことができたのに。」
But forは仮定法過去と仮定法過去完了の両方に使えるが，last weekがあるので過去の意味の「仮定法過去完了」にする。
(5)「私はあなたの情報が計り知れないほど貴重であったことは否定しません。もしそれがなかったら，我々の計画をまとめることは決してできなかっただろう。」
far from「～するどころか」，in spite of「～にもかかわらず」，with「もし～があれば」，without＝but for「もし～がなかったら」

㉓ 分詞構文 ① (pp.52～53)

アドバイス
▶分詞構文の表すもの：
①【時】「～しているとき」
②【理由】「～なので」
③【条件】「～すれば」
④【譲歩】「～だけれども」
⑤【付帯状況】「～しながら」「～して…」

Pre-test 解答・解説 P.52

1. (1) Walking (2) Swimming

解説 (1)「私が通りを歩いていたとき，私はその男の人を見つけた。」
【時】walkの現在分詞はwalking。
(2)「彼はプールで泳いでいたとき，その女性と出会った。」
【時】swimの現在分詞はswimming。

2. (1) being (2) coming

解説 (1)「晴れれば，私たちは外出するつもりです。」
【理由】be動詞の現在分詞はbeing。

(2)「夜になったので，彼女は家の中に入りました。」
【理由】come の現在分詞は coming。

Exercises 解答・解説 P.53

1 (1) Entering
(2) Leaving, school
(3) Knowing, the, language
(4) Reading, a, thriller
(5) It, being, late
(6) dangling, their, feet

解説 ▶(1)～(4)は「分詞構文の作りかた」の手順を用いる。
(1)①接続詞 When を消す。
②主語が同じなので従属節の主語 he を消す。
③従属節の動詞 entered を「現在分詞」entering にして，その節のいちばん前に置く。
(2)①接続詞 As soon as を消す。
②主語が同じなので従属節の主語 he を消す。
③従属節の動詞 left を「現在分詞」leaving にして，その節のいちばん前に置く。
(3)①接続詞 Since を消す。
②主語が同じなので従属節の主語 he を消す。
③従属節の動詞 knew を「現在分詞」knowing にして，その節のいちばん前に置く。
(4)①接続詞 As を消す。
②主節と従属節の主語が同じなので，従属節の主語 she を消す。
③主節と従属節の時制が同じなので，従属節の動詞 read を「現在分詞」reading にして，その節のいちばん前に置く。
(5)▶「独立分詞構文の作りかた」にしたがう。
①接続詞 As を消す。
②主節と従属節の主語が違うので，従属節の主語 it をそのまま残す。
③主節と従属節の時制が同じなので，従属節の動詞 was を「現在分詞」being にして，その節の主語の後に置く。
(6) with ～が付帯状況を表す句になっているので，この部分を分詞構文にする。
with their feet dangling＝dangling their feet「足をぶらぶらさせて」

2 (1)去年の夏，私たちは海辺にいたので，毎日泳ぎに行きました。
(2)私の警告を無視して，彼は水の中に飛び込んだ。

解説 (1) Being at the beach last summer
＝As we were at the beach last summer
(2)動作の連続を表す分詞構文。

3 (1)ア (2)イ (3)ウ (4)イ

解説 (1)「彼は電車が遅れることを予測して，タクシーに乗った。」
As he saw(→Seeing) the train would be delayed, he took a taxi.
①接続詞 As を消す。
②主語が同じなので he を消す。
③時制が同じなので現在分詞にする。
(2)「彼女は貧しかったので，車を買う余裕がなかった。」
As she was(→Being) poor, she could not afford to buy a car.
①接続詞 As を消す。
②主語が同じなので she を消す。
③時制が同じなので現在分詞にする。
(3)「彼は学校を卒業してすぐに，実業界に入った。」
When ～, As soon as ～＝On ～ing
(4)「私は高校卒業後，大学に行くつもりです。」
After I graduate(→Graduating) from high school, I plan to attend university.
①普通接続詞 After を消すが，消さない場合もある。
②主語が同じなので I を消す。
③時制が同じなので現在分詞にする。

24 分詞構文 ② (pp.54～55)

アドバイス
▶ Having＋過去分詞…従属節の「時」が主節の「時」よりも前の「時」を表す場合。
▶ (Being)＋過去分詞…従属節が受動態の場合。

Pre-test 解答・解説 P.54

1. (1) Having, had (2) Born, in

解説 (1)「昨日，頭痛がしたので，今日は学校を欠席しています。」
①接続詞 As を消す。
②主節と従属節の主語が同じなので，主語 I を消す。
③従属節の時制が主節より「以前のとき」なので，従属節の動詞 had を「完了分詞」(having＋過去分詞) having had にして，その節のいちばん前に置く。
(2)「カナダで生まれたので，彼女は英語もフランス語も習得した。」
①接続詞 As を消す。

②主節と従属節の主語が同じなので，主語 she を消す。
③時制が同じなので現在分詞にする。
Being born →受動態の分詞構文の Being は省略できる。

2. Not, receiving

解説 「彼女の返事を受け取っていなかったけれど，私は彼女にまた手紙を出しました。」
①接続詞 Though を消す。
②主節と従属節の主語が同じなので，主語 I を消す。
③従属節の動詞 receive を「現在分詞」receiving にし，not を分詞の前に置く。

Exercises 解答・解説 P.55

1 (1) Not, being
(2) Not, knowing
(3) All, things, considered

解説 (1)「彼女は体調がよくなかったので，家にいました。」
【否定の分詞構文】
①接続詞 As を消す。
②主節と従属節の主語が同じなので，主語 she を消す。
③従属節の動詞 was を「現在分詞」being にし，not を分詞の前に置く。
(2)「私はジョンの住所を知らなかったので，彼に連絡できなかった。」
【否定の分詞構文】
①接続詞 so を消す。
②主節と従属節の主語が同じなので，主語 I を消す。
③従属節の動詞 know を「現在分詞」knowing にし，not を分詞の前に置く。
(3)「すべてのことを考慮すると，彼は賢い男であるようだ。」
【独立分詞構文】
①接続詞 If を消す。
②主語が違うので all things を残す。
③時制が同じなので現在分詞にする。
being considered →受動態の分詞構文の being は省略できる。

2 (1)ⓤ (2)ⓐ (3)ⓔ

解説 (1)「一般的に言うと，去年は穏やかな気候だった。」
慣用的独立分詞構文→Generally speaking「一般的に言うと」
(2)「ひどい天候を考慮すると，私はかなりたくさんの生徒が遅れることを予想した。」
Given ...「…を考慮すると」
(3)「何をしたらいいのかわからなかったので，私は彼女に助けを求めた。」
As I didn't know (→Not knowing) what to do, I asked her for help.
①接続詞 As を消す。
②主語が同じなので I を消す。
③時制が同じなので現在分詞にする。
否定文なので Not を前につける。

3 (1)ⓐ (2)ⓘ (3)ⓘ (4)ⓤ (5)ⓤ (6)ⓘ

解説 (1)「彼の衣服のありさまから判断すると，昨夜彼は衣服を着たまま眠ったのだ。」
慣用的独立分詞構文→Judging from ～「～から判断すると」
(2)「すべてのことを考慮すると，メアリーはすばらしい看護師であると我々は言うことができる。」
If all things are considered (→All things being considered), we can say ～.
受動態の being は省略する。
(3)「去年と比較して，統計はこの地域の強盗の15%の減少を示している。」
When statistics (this year) is compared with last year (→ Being compared with last year), statistics show ～.
受動態の being は省略する。
(4)「効率的に使うと，ガソリン1リッターはこの車を少なくとも20キロ動かす。」
If one liter of gasoline is used efficiently (→Being used efficiently), one liter of gasoline ～.
受動態の being は省略する。
(5)「あまり時間がなかったので，私は弁護士に状況の概要を説明した。」
As I didn't have (→Not having) much time, I outlined ～. 否定の分詞構文。
(6)「ここから見ると，車は小さなマッチ箱のようです。」
When the cars are seen (→Being seen) from here, the cars look ～.
受動態の Being は省略する。

25 会話文 ① (pp.56～57)

1 (1)ⓔ (2)ⓤ (3)ⓐ (4)ⓘ (5)ⓘ (6)ⓘ (7)ⓔ (8)ⓘ (9)ⓔ (10)ⓘ (11)ⓔ (12)ⓔ (13)ⓔ (14)ⓐ

解説　(1)A「お願いがあるのですが。」
B「はい。何でしょうか。」
㋐「本当に違いない。」
㋑「そんなばかなことはやめなさい。」
㋒「商売は商売。」
(2)A「すみません。しばらく消しゴムを借りてもいいですか。」
B「いいですよ，しかし私は後でそれを使う必要があります。」
㋐「後で電話していいですか。」
㋑「今日昼ごはんのときに会えますか。」
㋓「このビンを捨てていいですか。」
(3)A「銀行がどこにあるのか知っていますか。」
B「はい，次の角にあります。」
㋑「銀行が何なのか知っていますか。」
㋒「銀行がどうなのか知っていますか。」
㋓「銀行がだれなのか知っていますか。」
(4)A「私はどこでそれらのチケットを手に入れたらいいでしょうか。」
B「私たちがあなたにそれらを郵送します。」
㋐「私たちがあなたにそれらを選んであげます。」
㋒「あなたがそれらを配達すべきです。」
㋓「あなたは向こうでそれらのチケットを落としました。」
(5)A「明日ゴルフをするのはどうですか。」
B「すばらしい！待ちきれません。」
㋐「どうしてですか。」
㋒「ええと。」
㋓「そうは思いません。」
(6)A「彼は私にあなたの姉〔妹〕さんは何歳かと尋ねたの。」
B「私の姉〔妹〕？なぜ彼が(そんなことを)知りたいのかしら。」
間接疑問の語順は[疑問詞(＋形容詞)＋S＋V]になる。
(7)A「the admission fee(入場料・入会金)とは何ですか。」
B「よく分かりません。」
㋐「私は大変好きです。」
㋑「私は途中にいるに違いない。」
㋒「私はむしろしたくない。」
(8)A「だれかが先週ボブが仕事を辞めたと言っていましたが。」
B「どちらのボブのことですか。」
A「背の高い，７階で働いていたカナダ人のことです。」
㋐「ボブは何をしますか。」
㋒「ボブはだれに似ていますか。」
㋓「彼はどこへ行きましたか。」
(9)A「『Clowning』という新しい映画を見たことがありますか。」
B「いいえ，まだですが，見たいと思っています。どのようなものですか。」
A「それは私が今までに見た中でいちばんおもしろい映画です。」
㋐「私が常に見る中で」
㋑「私が一度も見ることがない中で」
㋒「私が一度も見なかった中で」
(10)A「すみません。あなたの言ったことが聞こえませんでした。」
B「私はあなたに『私に助けてほしいのか。』と聞きました。」
A「はい，お願いします，もしあなたに何も問題がなければ。」
㋐「『お助けください。』と言いました。」
㋒「『これは困ったように見える。』と言いました。」
㋓「『助けようとしている。』と言いました。」
(11)A「出発する準備ができていますか。」
B「ほとんどできています。鍵が見つかったらすぐに。」
A「またないの。コートのポケットを調べましたか。そこにあるかもしれない。」
㋐「はい，どうぞ。」
㋑「あなたはそれを見逃すことはできません。」
㋒「再度あなたに話しかけなさい。」
(12)A「明朝忘れずにごみを外に出してください。」
B「今週はあなたの番ではありませんか。」
A「いいえ。私は先週やりました。」
㋐「また私が忘れましたか。」
㋑「明日はウィークデイではないですか。」
㋒「あなたが先週やりませんでしたか。」
(13)(電話で)
A「もしもし，ジェーン。スージーです。今日の昼ご飯のとき暇ですか。」
B「でも，スージー，あなたはいつも昼ご飯のときはボブと一緒でしょう。」
A「わかってるけど，今日は彼は商用で町から出ています。」
㋐「私は朝の飛行機で出発します。」
㋑「彼はあなたと昼ご飯を食べる予定です。」
㋒「昼ご飯は無料ではありません。」

⒁A「すみません。この列車が各駅停車かどうかごぞんじですか。」
B「いいえ，急行列車です。時刻表に赤で印がついています。」
A「わかりました。ありがとう。」
㋑「この列車がどこに止まるのかひょっとしてごぞんじですか。」
㋒「この列車がどこに止まるかを私に知らせてくれませんか。」
㋓「あなたが降りるのを教えてくれますか。」

㉖ 会話文 ② (pp.58〜59)

1 (1)㋓ (2)㋒ (3)㋒ (4)㋒ (5)㋑

解説 (1)A「やあ，ジョン。来て座って。」
B「ありがとう。タバコを吸ってもいいですか。」
A「はい，私はかまわないですが，妻がタバコを好きではありません。」
B「はい，わかりました。それでは，今夜は吸わないでおきます。」
㋐「これらのタバコを知っていますか。」
㋑「マッチはありますか。」
㋒「あなたはタバコを吸いますか。」
(2)A「あなたはミサコの誕生会に行きますか。」
B「はい，あなたはどうですか。」
A「行ければよいのですが。私は幼い弟の面倒を見るために家にいなければなりません。」
B「それは残念です。」
㋐「行きましょう。」
㋑「行きたくありません。」
㋓「行けそうです。」
(3)A「最近列車の遅れがとても多いです。」
B「そうですね。私は時間通りにここに着くために早めに出ました。」
A「たぶん，車を運転したほうがましです。」
B「ええ，でもガソリンの価格を考えなさい。」
㋐「あなたはそんなにたびたびバスに乗るべきではありません。」
㋑「もはや同じ地図を使えません。」
㋓「今そこに着くことは，ずっと簡単です。」
(4)A「店に行きます。何か必要なものはないですか。」
B「私に歯磨き粉を買って来てください。」
A「どんな種類のものがほしいですか。」
B「はい，特にありません。ただ店にある中でいちばん大きいものを買ってください。」
㋐「あなたのかわりに私が買いに行きましょうか。」
㋑「それはどこにありますか。」
㋓「なぜあなたはそれがほしいのですか。」
(5)(自動車学校で)
A「あなたはなぜ運転を学んでいるのですか。」
B「だれか年老いた母を車で運ぶ人が必要なのです。」
A「お母さんが何歳か聞いていいですか。」
B「母は来月で98歳です。」
㋐「彼女はよく町まで走るのですか。」
㋒「私はそのことについて話したくないです。」
㋓「彼女を私たちの自動車学校に送って来てはいけません。」

2 (1)Ⓐ−㋑ Ⓑ−㋐ (2)Ⓐ−㋑ Ⓑ−㋑ (3)Ⓐ−㋑ Ⓑ−㋓

解説 (1)A「この中は少し寒くなってきていますね，そう思いませんか。」
BⒶ「窓を閉めましょうか。」
A「ありがとう。」
BⒷ「どういたしまして。」
Ⓐ㋐「すみませんが，どれくらい寒いのですか。」
㋒「お気の毒に。」
㋓「はい，私もそう思います。」
Ⓑ㋑「すみません。」
㋒「ありがとう。」
㋓「幸せです。」
(2)A「お名前をお聞かせください。」
BⒶ「鈴木です。」
A「それはあなたの下の名ですか。」
BⒷ「いいえ，それは姓です。」
Ⓐ㋐「はい，確かに。もちろんです。」
㋒「いいえ，鈴木です。」
㋓「鈴木と言えますか。」
Ⓑ㋐「はい，それは下の名です。」
㋒「はい，私は鈴木です。」
㋓「いいえ，私は太郎です。」
(3)A「ルーシーはどこにいますか。」
B「はい，彼女は病気で入院しています。」
AⒶ「まあ，どうしたのですか。」
B「はっきりわかりません。」
AⒷ「それでは，私はすべてがうまくいくことを希望します。」
Ⓐ㋐「はい，彼女は元気です。」
㋒「私はおばが一人います。」
㋓「私は病気で入院していました。」

Ⓑ㋐「あなたがすぐに良くなることを希望します。」
㋑「いいえ。私は彼女が病気だと思います。」
㋒「私は知りません。」

3 Ⓐ－㋑ Ⓑ－㋐ Ⓒ－㋓ Ⓓ－㋒

解説 係「おはようございます。Ⓐ㋑ご用はおうかがいいたしておりますか。」
客「どうも。今日午後のボストン行きの安い航空便をさがしているのですが。」
係「Ⓑ㋐それは不可能だと思いますが。ボストン空港は吹雪のため閉鎖されております。」
客「ええっ，そんな。ボストンで明日結婚式があるのに。」
係「列車で行かれてはどうですか。Ⓒ㋓４時の急行があります。今晩10時にはそこにいられますよ。」
客Ⓓ㋒「座席を予約してくれますか。」
係「かしこまりました。」

㉗ 会話文 ③ （pp.60～61）

1 (1)㋓ (2)㋓ (3)㋑

解説 (1)「とり肉にしますか，それとも牛肉にしますか。」「牛肉をお願いします。」
㋐「ありがとうございます。」
㋑「私はそれを食べたいです。」
㋒「すみませんが，できません。」
㋔「はい，そうします。」
(2)「あなたは沖縄に行ったことがありませんね。」「いいえ，行った経験があります。」
㋐「はい，あります。２度あります。」
㋑「はい，２年前に沖縄に行きました。」
㋒「いいえ，行ったことはないです。そこはすてきな場所です。」
㋔「いいえ，行ったことはないです。しかし，私はそこへ行きたいです。」
(3)「市役所へ行く道を教えてくださいませんか。」「すみませんが，私はこの辺は初めてなんです。」
㋐「いいえ，あなたはそこに行けません。」
㋒「もちろんです，私はそれを聞いてうれしいです。」
㋓「はい，私はその町から来ました。」
㋔「はい，それはあなたの知ったことではありません。」

2 (1)㋔ (2)㋒ (3)㋑ (4)㋐ (5)㋓

解説 (1)「列車に間に合うと思うかい？」㋔「わからないよ。」
(2)「恐れ入りますが，どちら様ですか。」㋒「ピーター・ゲイツです。」
(3)「その使い方を私が教えましょうか。」㋑「ええ，もしさしつかえなければ。」
(4)「後ろのほうは聞こえますか。」㋐「いいえ，それほどでもありません。」
(5)「この席は空いていませんか。」㋓「いいえ，どうぞ。」

3 (1)㋓ (2)㋒ (3)㋑

解説 (1)C「大変遅れてすみません。」
D「いいですよ。何があったんですか。」
B「私はバスに乗り遅れました。」
A「ともかく，あなたがここに来れてうれしいです。」
(2)A「今日あなたは学校に行く予定はないのですか。」
D「いいえ，もちろん行く予定です。」
C「それでは，なぜあなたはまだここにいるのですか。」
B「今日は授業は遅く始まります。」
(3)D「友子，次の問題の答えを言ってください。」
A「教授，すみませんが，その問題は11問目ですか。」
B「いいえ，12問目です。」
C「はい，わかりました。その答えはロンドンです。」

4 (1)㋑→㋐→㋓→㋒ (2)㋑→㋓→㋒→㋐

解説 (1)A「ジョーンズ氏と面会の約束を取りたいのですが。」
B「㋑結構です。あなたは彼といつ会いたいですか。」
A「㋐彼は明日はずっと暇ですか。」
B「㋓いいえ，ジョーンズ氏は明日は１日中会合があります。水曜日はどうですか。」
A「㋒私は水曜日は１日中忙しいです。木曜日がいいんですが。」
B「それでは，彼は10時にあなたとお会いできます。」
(2)A「遅れてすみませんでした。長い間ここにおられたのですか。」
B「㋑いいえ，ほんの数分です。心配しないでください。映画を見に行きましょう。」
A「㋓あなたが話していた映画ですか。」
B「㋒はい，それは新しくはありませんが，まだ人気があります。」
A「㋐私は何度もそのことを聞いたことがあります。」

B「私はそれを見るのが待ち遠しいです。」

5 ①㋐　②㋐　③㋒　④㋓

解説　カップルが何を食べたらいいかを話し合っています。

スティーヴ「今夜の夕飯は何を食べたい？」
ジュリア「うーん。わからない。タイ料理はもういいわ。」
スティーヴ「(①㋐賛成だ。)僕たちは今週３回それを食べたね。何かほかの考えは？」
㋑ここちよいね。
㋒僕たちは賛成しない。
㋓君は賛成できない。
ジュリア「そうねぇ，今日は暑いからあまりこってりしたものはほしくないわ。」
スティーヴ「(②㋐僕もいらない。)でもサラダは食べたくないな。だってお昼に食べたから。」
㋑僕も(ほしいよ)。
㋒君たちのどちらもしない。
㋓私もそうです。
ジュリア「それはそうね。あなたが私の父母に作ってくれた直火焼きサーモンはどうかしら。」
スティーヴ「(③㋒(イタリアンハーヴソース)をつけたあれのこと？)」
㋐１つはつけた
㋑うちの１つにはつけた
㋓つけたものが１つあった
ジュリア「そう，あれよ！すごくおいしかったわ。みんなあの料理が大好きよ。」
スティーヴ「うーん，(④㋓でもうちにはサーモンがないよ。)」でも，そのほかの材量はあるね。
㋐サーモンは旬だよ
㋑サーモンは高価すぎるよ
㋒たくさんサーモンがあるよ
ジュリア「あなたがグリルを始めてくれるなら，私は店に行くわ。」

復習問題 ❹　(pp.62～63)

〈標準編〉

1 (1) should　(2) would　(3) could

解説　(1)「もしも明日，万一雪が降るようなことがあるなら，私たちはスキーに出かけるだろう。」
(2)「もし彼が私に電話をくれていたら，そのコンサートに行っていただろうに。」 仮定法過去完了。
(3)「あなたがもう少し長くいてくれたらいいのに。」 仮定法過去。

2 (1) were　(2) got　(3) Without

解説　(1)「彼らは，彼がまるで有名な歌手であるかのように話します。」 仮定法過去。
(2)「もうあなたたちはキャンプに行く準備をしてもいいころですよ。」 仮定法過去。
(3) Without your advice, ～「あなたの忠告がなかったら，～」

3 (1)道路が混雑していたので，私たちはとても遅くそこに着いた。
(2)その手紙は英語で書かれているので，私はそれを読むのが楽しい。
(3)私たちは海岸にいたので，毎日釣りに行きました。

解説　(1)【理由】(～なので)を表す。もとの文は As the road was crowded, we ～.
(2)【理由】(～なので)を表す。もとの文は As the letter is written in English, it ～.
(3)【理由】(～なので)を表す。もとの文は As we were at the sea, we ～.

4 (1) considered　(2) Having, walked

解説　(1)「すべてを考慮すれば，ジェーンは良い仕事をした。」
(2)「私は湖の周りを歩いてから，ボートをこぎました。」

5 (1)㋒　(2)㋐　(3)㋑

解説　(1) Judging from「～から判断すると」
(2) Strictly speaking「厳密に言えば」
(3) Generally speaking「一般的に言えば」

〈実戦編〉

1 (1)㋓　(2)㋒　(3)㋐　(4)㋒　(5)㋑　(6)㋓

解説　(1)「もし私たちが道路地図のことを考えていたら，それを持って来ていただろうに。」
could have brought があるから「仮定法過去完了」を用いるので，[had＋過去分詞]になる。
(2)「もしあなたが両親の忠告に従っていたら，この問題は決して起こらなかっただろう。」
had followed があるから「仮定法過去完了」を用いるので，[would have ＋過去分詞]になる。
(3)「もし彼がその時私の問題を知っていたら，彼は私を助けていただろう。」
would have helped があるから「仮定法過去完了」を用いるので，[had＋過去分詞]になる。

(4)「もし私の両親の優しさがなかったら，私は今日のような人物にはなっていないだろう。」
現在の事実の反対のことを表すとき，If 節が過去完了であっても，［過去形の助動詞＋動詞］になる。

(5)「もう出発してもいいころです。」
［It is（about，high）time that S＋V（過去形）］「もう～してもいいころだ」

(6)「もし私が彼にプレゼントをあげるつもりなら，前もってあなたに話すでしょう。」
「仮定法過去」なので，were〔was〕going to ～にする。

2　(1)ウ　(2)イ

解説　(1)「1940 年と 1941 年に繰り返し爆撃されたので，ロンドンの町は多くの有名な教会を失った。」
As the city of London was bombed（→Being bombed→Bombed）in 1940 and 1941, it lost many ～.　受動態のときの being は普通は省略する。

(2)「レポートの書き方を知らなかったので，ジョンは先生からの忠告を求めた。」
As John did not know（→Not knowing）how to write a paper, he sought ～.
分詞構文の否定は not を現在分詞の前に置く。sought は seek（捜し求める）の過去，過去分詞形。

3　(1)エ　(2)ウ　(3)ウ

解説　(1)A「いつ昼ご飯を食べましょうか。」
B「1 時間後に。」
ア「何時ですか。」
イ「どれくらい時間がありますか。」
ウ「どこで昼ご飯を食べましょうか。」

(2)A「パーティーをありがとう。私は今すぐ帰らなくてはいけません。」
B「すぐにですか。もう少しおられたらどうですか。」
A「そうしたいのですが，明日早く起きなくてはなりません。」
ア「まだ行かないでください。」
イ「そんな遅い時間じゃないですよね。」
エ「本当に帰らなくてはならないのですか。」

(3)A「月曜日の朝すぐにあなたに電話をしてもかまいませんか。」
B「ええ，かまいません。」
Do you mind if ～?
「～してもかまいませんか」に応答するとき，
「かまわない」→ No, not at all. など
断わる→ I'd rather ～.／I'm sorry ～.／Yes, I do. など